普通学校特殊需要学生课程评估工具

评估手册　　一年级 语文 数学

Curriculum Assessment Tools for Students with Special Needs in General Primary Schools

王　辉　　宋修玲　著

编写团队（按姓氏笔画排序）
王金凤	王淑琴	叶光莹	刘　婷
刘加芳	芮代琴	李月月	吴振兰
宋晓杰	张　华	张　琳	茅　成
赵　莉	赵　敏	秦　闻	顾　静
钱正慧	翁丽丽	唐宁宁	黄永志
彭益珍			

南京大學出版社

图书在版编目（CIP）数据

普通学校特殊需要学生课程评估工具 / 王辉，宋修玲著
. -- 南京：南京大学出版社，2021.7（2022.12 重印）
ISBN 978-7-305-24588-6

Ⅰ.①普… Ⅱ.①王…②宋… Ⅲ.①特殊教育－课程－评价 Ⅳ.① G76

中国版本图书馆 CIP 数据核字（2021）第 122248 号

出版发行	南京大学出版社
社　　址	南京市汉口路22号　　　　　邮　编　210093
出 版 人	金鑫荣

书　　名　普通学校特殊需要学生课程评估工具
著　者　王　辉　宋修玲
责任编辑　丁　群

照　　排　南京新华丰制版有限公司
印　　刷　南京凯德印刷有限公司
开　　本　787×1092　1/16　印张 22.25　字数 260 千
版　　次　2021年7月第1版　2022年12月第2次印刷
ISBN　978-7-305-24588-6
定　　价　128.00元

网　　址　http://www.njupco.com
官方微博　http://weibo.com/njupco
微信服务　njuyuexue
销售热线　（025）83594756

*版权所有，侵权必究
*凡购买南大版图书，如有印装质量问题，请与所购图书销售部门联系调换

用专业的力量建构"适合每位儿童"的教育

党的"十九大"郑重宣告，中国特色社会主义进入了新时代。坚持教育公益性原则，深化教育改革，促进教育公平，是建设高质量教育的基本遵循；从"面向每个人的教育"走向"适合每个人的教育"是完善新时代基础教育的重大课题。特别是在我国大力推进融合教育的当下，如何有针对性地解决普通学校特殊需要学生的特殊需要问题，开展有效的"适合每个人的教育"，成为21世纪普通教育与特殊教育共同关注、探索的话题。

南京市教育局继国家随班就读教改实验区后，再向有质量的融合教育挺进。委托南京市教研室与南京特殊教育师范学院合作，组建研究团队，站在新的历史起点，探索在普通学校实施普惠性的有质量的特殊教育。南京市教研室在市教育局的直接领导下，整合各方的专业力量，在充分调研的基础上，成立"随班就读学校课程与教学调整"种子教师工作坊，以"特殊需要儿童教育诊断与评估"为主题，采用"做中学"的方式，对包括该研究团队成员在内的全市随班就读学校的骨干资源教师和巡回指导教师进行了系统培训。在学习、实践与研究的过程中，为了解决制约随班就读教育质量的关键问题——特殊需要学生课程评估工具的缺乏，该研究团队历经四年时间，攻坚克难，研制了这套评估工具。这在随班就读领域具有专业性、示范性、推广性意义。

这套课程评估工具包括语文、数学、英语三门学科，分课程评估手册和评估材料两部分，适用于普通小学中随班就读的学生以及其他有特殊需要的学生。依据这套课程评估工具，任课教师可以了解学生已具有的先备知识、技能及下一阶段的学习目标，据此规范地制订特殊需要学生的个别化教育计划、各学科学期教学计划，并设计与实施有效的课堂教学。

该研究团队经过四年多对随班就读课堂教学的探索，从课程专业的角度来看，基于本套课程评估工具研制所取得的经验，至少有以下几点值得推广：

第一，编制了适用于普通学校中有特殊需要学生的学习标准，弥补了国内空白。针对目前普通学校中有特殊需要学生的学习标准之缺失，该研究团队依据国家义务教育课程标准，编制了有特殊需要学生的学习表现标准，让普通学校的教师在学业评估时有标准可依。

第二，引领普通学校教师开展基于标准的评价，提升了教师课程素养。针对当前中小学教师普遍存在的"只会教，不会评"的问题，该研究团队依据上述的表现标准，开发小学语文、数学、英语三个学科的课程评估手册、评估材料，为普通学校的教师对有特殊需要的学生开展课程评估提供了支架，为融合教育课程与教学的调整提供了依据。

第三，推进有效教学的核心技术，改善了教学质量。该团队培训教师依据上述表现标准编制了各个阶段的教学方案，实施教—学—评一致的教学，确保普通学校"在促进教育公平的前提下提高教学质量"。

第四，创设有特殊需要学生"人人出彩"的机会，促进了教育公平。该团队依据国家课程标准编制分级目标，教师可以根据学生的特殊需要开展评价，学生及其家长也可以根据实际情况确定目标，这有助于有特殊需要的学生在普通学校学习阶段找到成就感，增强其自我效能感。

不过，对于教师借鉴、使用此研究成果时有一点建议，那就是教师在使用经过分解或转化之后的分科分级目标进行教学时，要避免陷入孤立、琐碎地"对标"的误区，注重评估学生在真实情境下问题解决的综合表现，从目标整合的角度关注学生关键能力、必备品格与价值观念的养成；要超越基于知识点的"双向细目表"，探索素养导向的真实情境的问题解决，进一步引领学科育人方式的变革。

期待这套基于标准的课程评估工具在我国融合教育课程与教学改革中发挥重要的推进作用，也期待该研究团队继续扮演专业引领者的角色，为我国普特融合的教育事业多做贡献！

华东师范大学课程与教学研究所所长
崔允漷

前　言

完善特殊教育保障机制，提高特殊教育质量，促进教育公平，是《中华人民共和国国民经济和社会发展第十四个五年规划和2035年远景目标纲要》以及《深化新时代教育评价改革总体方案》的重要精神。为了保障特殊需要学生平等受教育权利，引领教师上好每一节课、关爱每一个学生，促进教师专业发展，完善提高融合教育中特殊需要学生教育评估机制，我们探索研制了《普通学校特殊需要学生课程评估工具》，分为《评估手册》和《评估材料》两个部分。

《评估手册》和《评估材料》是一套专供在普通学校学习的特殊需要学生使用的课程本位评估工具。这套评估工具是在南京市教育局委托下，由南京市教学研究室与南京特殊教育师范学院合作，选拔南京市普通学校、特教学校各学科部分骨干教师组建研究团队，在南京特殊教育师范学院王辉教授的全程指导下基于义务教育课程标准和个别化教育理念研发而成。这也是在全国融合教育快速发展的大背景下，为回应随班就读学校亟待解决的课程与教学调整问题而做的行动探索。

2015年，南京市成为国家特殊教育改革实验区之一，重点开展"加强残障儿童少年随班就读工作"实验。在南京市教育局的直接领导下，陆续开展了理念宣传、机构建设、机制建立、资源配置、师资培训等一系列工作，融合教育理念逐步推广，随班就读的社会公共服务体系和特殊教育支持保障逐步完善，随班就读工作局面全面展开。随之而来，对随班就读学生教什么、怎么教、怎样评等关乎教育教学质量的问题不可回避地被提上了议事日程。

2016年，受南京市教育局委托，南京市教学研究室与南京特殊教育师范学院合作，把"随班就读学校课程与教学调整"作为提升融合教育教学质量研究的重点进行攻关。经过了国内外考察学习和对本地情况的调研摸底，我们逐渐从纷繁复杂的矛盾中厘清：评估是课程与教学调整的逻辑起点，没有科学的评估，课程与教学调整就没有科学的依据。不了解特殊需要学生具有了哪些先备知识、技能与学习能力以及有何特殊需要，就无法找到特殊需要学生学习的起点、制订适切的学习目标，就无法在教学目标、教学内容、教学策略、教学评价等方面形成一致性和整体性。唯有抓住了评估，才能纲举目张，理顺随班就读课程与教学中的种种矛盾，实现有质量或高质量的发展。

2018年，我们在全市遴选出40位巡回指导教师和资源教师，成立了"南京市随班就读课程与教学调整工作坊"。四年多的时间，在王辉教授的引领和指导下，以形成专业、系统的随班就读课程与教学调整模式、调整流程和调整策略为目标，以特殊儿童教育诊断与评估为起点，用"做中学"的方式开展了系统性的培训和实践探索活动。

培训与实践过程中我们认识到，国内目前仅有解决特殊需要学生的筛查性评估和心理能力发展状况评估的工具及方法，缺乏现成的基于国家课程标准的随班就读学生学业成就的评估工具。没有现成可用的学业评估工具怎么办，大家达成共识：自研！因此基于国家课程标准和个别化教育理念，为普校特殊需要学生研编本土化的学业评估工具成为整个探索过程中需要攻克的难关。

在学业评估工具研制探索的过程中，我们首先尝试了自下而上、较为便捷的思路，即用现成的单元和期中、期末试卷作为评估工具，希望从测试结果分析出学生的学业水平现状和下一阶段的学习目标。可是各区域、学校试卷从难度上与课标要求并不完全一致，从内容上也无法涵盖所有，导致测试出来的结果无法准确、全面反映学生的现有学业水平；同时，试卷缺乏难易梯度，测试结果无法为教学目标的制订提供科学的依据。尝试以后，大家认识到研制学业评估工具无捷径可走，必须转换思路，迎难而上去攻关。王辉教授又带领我们采用自上而下的方式，即分解课程标准中的各阶段目标，从学科核心素养角度细化到行为目标，根据行为目标和特殊需要学生特点来编制评估项目，再根据评估项目来确定评估内容和方法，编选试题和评估材料，确定评估标准等。通过学生在试题上的表现，来判断每项知识或技能的掌握状况，从而确定特殊需要学生现有学业水平、可接近性学习目标，为下一阶段学习目标的制定提供依据。

从思路确定到评估工具成型，再经历实践验证与反馈修订，是一个极其艰难又意义非凡的过程。四年多的时间，二十几位普教、特教各学科的骨干教师，数十个假日周末，或现场或网络，上百次的学习、讨论，多少次修改，已经难以计数。大家从研读课标、解析目标、研究评估工具的结构、确定评估手册与评估材料的规格及样例编码，到科学规范地制定目标，反复斟酌编制评估材料，甚至每一幅图片的拍摄选择，都经历了无数次观点碰撞、脑力激荡，一次次陷入困顿，又一次次取得突破。王辉教授诲人不倦，不断帮助老师们转变思路：评估不是考试；评估不是教学。老师们也从最初想当然认为"学生会了就是会了，不会就是不会"，到最后大家自觉认识到"学生会了（题目做对了）不一定是真的会（核心能力建立起来），学生不会（做错了）不一定完全不会（完全没有此项能力）"，评估工具正是帮助我们去寻找学生真正的能力起点和学习目标。可以说工具研制的过程是对课程标准系统的学习研究过程，是对课程与教学全新的认识过程，也是对学生学习再发现的过程，更是教师们跳出传统思路，转变思维，努力超越自我的过程。就这样，才有了呈现在大家面前的这套适用于普通小学特殊需要学生的课程《评估手册》和《评估材料》。

一种工具的使用往往代表的是一种思维方式的引入。希望本套课程评估工具能帮助我们重新认识司空见惯的课堂教学和学生学习，让所有有特殊需要的孩子，不仅是残障儿童，都能被看见，这是实现每个孩子都能得到适合的教育的第一步。

感谢南京市教育局和南京市教研室对本项研究的全力支持，感谢我的同事，南京市教研室小学数学教研员朱宇辉老师、小学语文教研员徐艳老师、小学英语教研员张海燕老师给与鼓励和指导；感谢我们的教研同行，秦淮区教师发展中心小学语文教研员张晶媚老师、原浦口区教研室主任李嘉夫老师和浦口区小学数学教研员赵学武老师的精心指导；感谢南京市特殊教育指导中心、各区特殊教育指导中心，尤其是秦淮区特殊教育指导中心王淑琴校长的协助；感谢许许多多融合教育实验学校，如南京市后标营小学、南京市朝天宫民族小学、南京市中山小学的大力支持。手册研制的过程是一个普通教育与特殊教育教研的融合以及双方教师融合的过程。感谢南京大学出版社丁群编辑为本工具的审校付出了辛勤的劳动。在评估材料中我们使用了大量义务教育教科书中的内容和图片，在此也表示衷心感谢！

尤其感谢南京特殊教育师范学院王辉教授的倾心指导与引领。理论最大的价值，在于改变实践。对于所有的参与者来说，王辉教授带给我们的不仅是开阔的视野、先进的理论和方法，更重要的是改革的勇气和探索的自信。

我国教育已进入整体抓质量的新阶段，对于提高随班就读教育教学质量来说，万里长征我们才迈出第一步，期待有更多的伙伴一起加入这个富有挑战性的探索大潮。

南京市教学研究室特殊教育教研员

宋修玲

编写说明

《普通学校特殊需要学生课程评估工具》（以下简称《评估工具》）是一套专供在普通学校学习的特殊需要学生使用的课程本位的评估工具，包括《评估手册》和《评估材料》两个部分。

一、适用对象

本套课程评估工具适用于普通学校义务教育小学阶段的随班就读学生，以及学习困难/障碍、情绪与行为障碍等其他有特殊需要的学生。

二、研制思路

本套课程评估工具研制的指导思想是"以生为本"；研制的直接依据是普通学校义务教育阶段的国家课程标准（2011年版）（以下简称《课标》）和现行的各科教材。本套课程评估工具研制原则如下：

1.突出以中小学义务教育课程标准为基本指南的原则。贯彻落实立德树人根本宗旨，遵循《课标》基本要求，进行系统性、协同性的整体设计。各科课程《评估手册》中的领域与目标体系以《课标》为本，体现出学科逻辑和年段特点，构建起学科能力系统，通过评估，实现学生的特殊需要与普通学校教学无缝无痕贯通衔接。

2.突出尊重特殊需要学生差异性的原则。坚持个别化教育理念，充分尊重和遵循特殊需要学生多样化的身心特点和学习发展规律，分层次、多样性地编制评估项目，并根据评估项目做出不同内容和评估方法安排。强调多元化、个别化评估，服务特殊需要学生个性化成长。

3.突出挖掘潜能与全面发展的原则。坚信每一个特殊需要学生在各个领域都有发展的潜能，只要提供适合的教育，都能充分成长。各学科《评估工具》重视多学科、多领域、全面、深度剖析特殊需要学生学科核心素养和能力水平，逐项分析并提出针对性的发展建议，引导教师全面深入了解学生，积极平等地关切特殊需要学生的成长，促进特殊需要学生的全面发展。

4.突出适用所有特殊需要学生的普惠性与通用性原则。采用全方位通用设计理念，根据课程本位评估的方法，按照国家普通中小学课程方案、课程标准和统一教材要求，做了学习领域的划分和目标的分解、细化，普惠性地服务普通学校各类特殊需要学生。

5.突出工具操作的实用性原则。坚持服务于普通学校特殊需要学生教育评估的目标，以规范性、工具性为特色，在目标分解、评估项目、评估内容和方法、评估结果与分析、结论与建议以及评估材料选配等设计上，重视教师操作便利性的需要，方便评估使用。

6.突出促进提高教师融合教育专业知识与技能的原则。根据大班集体教学的现实和专职资源教师匮乏的实际，以服务于教师在大班集体教学中课程和教学调整为目标，重视通过《评估工具》为教师提供可借鉴、可操作的依据，引领教师上好每一节课，切实关爱到每一个特殊需要学生。

三、内容与结构

本《评估手册》包括小学语文、小学数学、小学英语3门课程，每门课程的《评估手册》分别配备了对应的《评估材料》，供评估者配套使用。

每门课程的《评估手册》都包含评估标准、使用指南和评估领域三个部分。每个评估领域的内容以表格形式列出，包括一级目标、二级目标、三级目标（仅数学分解到三级目标）、评估项目、评估内容和方法，以及评估记录、评估结果与分析、结论与建议，如下图。

姓名：_____ 年级：_____ 评估者：_____ 评估日期：_____

一级目标	二级目标	评估项目		评估内容/方法	评估记录	评估结果与分析		结论与建议
		序号	项目			得分	分析	
1 能认识300个常用汉字	1.1 能认读300个常用汉字	1	认读300个常用汉字	1-1 认读汉字（300个，见材料一）				
		2	在提示下认读300个常用汉字	2-1 看词语/拼音/图片，认读汉字（96个，见材料二）				
				2-2 看词语/拼音/动作，认读汉字（19个，见材料三）				
				2-3 听读音，找出汉字（185个，见材料四）				

四、评估方法

在评估中要坚持多元、开放、整体的评估原则。采用的评估方法主要有：操作解答、书面（口头）测验、作业分析、日常观察等。不同的评估项目所需要的评估方法不尽相同，评估者可根据需要灵活选择。

在评估过程中要充分考虑学生的特殊需要，调整评估的方式方法以适合学生。如有语言障碍的学生，不能用口语表达，也可以用手势比划出结果；有视觉障碍的学生需提供助视器等辅助设备。

为保证评估效度，应尽量保证前后评估人员的一致性。

五、评估标准

评估者在使用各科《评估手册》和《评估材料》对特殊需要学生进行评估时，要根据评估标准进行准确评判。本套评估工具的评估标准分为"3、2、1、0"四个等级分数，每个等级的分数代表着不同的表现水平。

3分：独立完成单一知识/技能；或独立完成多重知识/技能100%。

2分：独立完成或在单一支持下完成多重知识/技能60%及以上；或在单一支持下完成单一知识/技能。

1分：独立完成或在多重支持下完成多重知识/技能20%～60%以内；或在多重支持下完成单一知识/技能。

0分：独立完成或在多重支持下完成多重知识/技能20%以下；或在多重支持下无法完成单一知识/技能。

评估者根据学生的表现，给予学生单一提示或者多重提示，每种提示不超过3次，同时给出对应分值。

五、评估与应用

对特殊需要学生评估时，根据评估标准对《评估手册》中的每个评估项目评定相应的等级分值，并将评估结果中的3分项、2分项和1分项分别汇总梳理。3分项代表被评估的特殊需要学生已经具有了相应的先备知识和技能，这是学生学习的起点和基础；2分项和1分项代表被评估的特殊需要学生在支持或提示下可以完成这些项目，这些项目所对应的目标就是特殊需要学生在该门课程学习上的最近发展区，这些目标就成为特殊需要学生的可接近性学习目标。

根据学生学习需要的迫切性，在可接近性学习目标中选择确定该生在该门课程上的学期学习目标和单元学习目标。评估手册中的一级目标即为学期层级目标，评估手册中的二级目标即为单元/月层级目标。将特殊需要学生的个人学期学习目标和单元学习目标确定后，结合班级的学科教学计划，将特殊需要学生的学期学习目标和单元学习目标分解、嵌入到班级学期教学计划以及每个单元、每个课时中，并根据该生的学习目标对班级的课程与教学进行调整，以适应该特殊需要学生。

一个学期学习结束后，再对特殊需要学生实施课程评估，将此次评估的结果与前次评估的结果进行对照、比较，分析该生一学期的学习目标是否达成，学习效果和教师教学成效如何。同时，借此评估确定下一阶段的学习目标，并依此进行课程与教学调整。以此，周而复始。

通过本套课程评估工具评估所得的评估结果，一方面可作为确定特殊需要学生已有先备知识、技能和教学起点的依据；另一方面可作为确定特殊需要学生的学习目标（包括学期、单元、周、课时目标），为制定个别化教育计划（简称IEP）和教学计划的依据；此外，评估结果还可以作为学校教育教学、管理与评价的依据。

本《评估手册》和《评估材料》作为融合教育学校教师课程调整、教学设计实施和教学评价的参考，可以根据特殊需要学生的学习需要和学习进程，科学、灵活、创造性地使用。

目 录

语文·一年级（上册）

使用指南 ································· 3

识字与写字领域 ·························· 7

阅读领域 ································· 15

口语交际领域 ···························· 21

语文·一年级（下册）

使用指南 ································· 27

识字与写字领域 ·························· 31

阅读领域 ································· 37

口语交际领域 ···························· 46

数学·一年级（上册）

使用指南 ································· 51

数与代数领域 ···························· 55

图形与几何领域 ·························· 76

统计与概率领域 ·························· 79

数学·一年级（下册）

使用指南…………………………………… 83

数与代数领域……………………………… 88

图形与几何领域…………………………… 106

语文·一年级
（上册）

编写人员：

王淑琴　赵　莉　张　华　唐宁宁　钱正慧　顾　静
张　琳　彭益珍　王金凤　秦　闻　叶光莹

学　校：_____　　年　级：_____
姓　名：_____　　出生日期：_____
评估者：_____　　评估时间：_____

评估标准：

　　3分：独立完成单一知识/技能；或独立完成多重知识/技能100%。

　　2分：独立完成或在单一支持下完成多重知识/技能60%及以上；或在单一支持下完成单一知识/技能。

　　1分：独立完成或在多重支持下完成多重知识/技能20%～60%以内；或在多重支持下完成单一知识/技能。

　　0分：独立完成或在多重支持下完成多重知识/技能20%以下；或在多重支持下无法完成单一知识/技能。

使用指南

一、设计思路

一年级上册语文课程评估手册共分为识字与写字、阅读、口语交际三个领域，每个领域的目标由一级目标和二级目标组成，每个二级目标下设置评估项目。本册共计3个领域、15个一级目标、35个二级目标、79个评估项目。识字与写字领域一级目标7个，二级目标17个，评估项目43项；阅读领域一级目标5个，二级目标12个，评估项目24项；口语交际领域一级目标3个，二级目标6个，评估项目12项。一级目标来自低年级段义务教育语文课程标准，二级目标是结合人民教育出版社一年级上册语文教材对一级目标分解而来。每个二级目标下设计有2～4个评估项目，同一个二级目标下的评估项目是按照由独立到提示或难易度排列。例如：二级目标"1.1能认读300个常用汉字"下，有两个评估项目，"1.认读300个常用汉字"，这是评估学生能否独立认读，能认读多少，能读对多少；"2.在提示下认读常用300个汉字"，这是评估学生不能独立认读时，在词语、拼音、图片、动作等提示下，能认读多少，能读对多少。每个评估项目后都列出了评估内容/方法，说明评估什么、用什么评估、怎么评估。

二、操作方法

评估时，评估者先从第一个评估项目开始，如果被评估的学生在该评估项目上全部通过，直接跳到下一个二级目标的评估项目1继续评估，依此类推。对通过的项目在评估手册的"评估记录"栏中记录评估结果，例如："认读300个常用汉字"，如果学生能全部独立认读，就根据评分标准在"评估结果与分析"得分栏中记3分，分析栏中说明该生已经100%掌握一年级上册300个常用汉字的认读，学习目标已达成，建议该生可以进入下一册常用汉字的学习。如果学生能独立认读200个，正确率66%，记2分；如果学生只能独立认读100个，正确率33%，记1分，分析栏中说明该生未能全部掌握，只能独立认读66%或33%，剩余的34%或67%不能独立认读，建议进行提示再评估。

如果被评估的学生在评估项目1（独立完成项目）没有全部通过，其中没有通过的评估内容就进入评估项目2（提示下完成项目）继续评估。如果在单一提示下完成，属于2分项；如果在两种或两种以上提示下完成，属于1分项；如果在多重提示下仍然无法完成，属于0分项，都在评估材料中标注评估结果。将处于最近发展区的2分项和1分项分别汇总，填写在评估手册的"评估结果与分析"栏中，并做分析。2分项和1分项是学生可接近性学习目标，从中优先选择迫切需要学习的项目，作为下一阶段的学习目标，填写在"结论与建议"中。

三、评估例举

（一）识字与写字领域

该领域有300个常用汉字，每个汉字在本手册中都有固定编号。例如：汉字"前"，编号为"1"。在材料一中，如学生不能独立认读，评估者则可在材料二（2-1词语和图片）中依据编号快速找到"摔"这个字，以评估学生是否能通过看图片／拼音／词语等提示认读出该字。本册生字编号顺序为，1-96号是材料二的汉字，97-115号是材料三的汉字，116-300号是材料四的汉字。

1. 二级目标1.1中，"1.认读300个常用汉字"是评估学生能否独立认读，能认读多少，能读对多少。"2.在提示下认读300个常用汉字"是评估学生不能独立认读时，可以通过让学生看词语、拼音、图片、动作等方法帮助学生完成评估。

2. 2.二级目标1.2中，"3.表达"是指学生可通过说出、比划出、画出等方式表达常用字词的意思。4."在提示下"是指用语言、动作等方式帮助学生完成评估。

3. 二级目标2.1中，"6.找出22个基本笔画"是指让学生先听笔画名称，再从两个为一组的笔画里找出所听到的笔画完成评估。

4. 二级目标2.2中，"6.找出36个常用偏旁"是指让学生先听偏旁名称，再从两个为一组的偏旁里找出所听到的偏旁完成评估。

5. 二级目标3.1、3.2、3.3、3.4中，"在提示下"是指可以通过让学生看图片或评估者动作、口型等方法帮助学生完成评估。

6. 二级目标4.1中，"17.书写听到的汉字"，听写内容见材料二十二中的100个汉字。"20.用其他的方式"是指学生可以用书空、指写等合适的方式书写汉字完成评估。

7. 二级目标4.2中，"22.在提示下"是指让学生一边看笔顺一边书写汉字完成评估。

8. 二级目标5.1中，"23.听写22个基本笔画"，听写内容见材料二十七中的22个笔画。"26.用其他的方式"是指学生可以用书空、指写等合适的方式书写笔画完成评估。

9. 二级目标5.2中，"27.听写36个常用偏旁"，听写内容见材料三十中的36个偏旁。"30.用其他的方式"是指学生可以用书空、指写等合适的方式书偏旁写完成评估。

10. 二级目标6.1中，"33.其他的方式"是指学生可以用书空、指写等合适的方式书写声母完成评估。

11. 二级目标6.2中，"36.其他的方式"是指学生可以用书空、指写等合适的方式书写韵母完成评估。

12. 二级目标6.3中，"39.其他的方式"是指学生可以用书空、指写等合适的方式书写音节完成评估。

13. 二级目标7.1中，"41.在提示下"是指评估者通过语言、动作、辅具等方式帮助学生坐端正完成评估。例：腰挺直，脚放平。

14. 二级目标7.2，"43.在提示下"是指评估者通过语言、动作、辅具等方式帮助学生正确握笔完成评估。

（二）阅读领域

1. 二级目标1.1中，"正确"指发音准确、吐字清晰。"在提示下"指可以通过评估者手指课文内容、范读等方法帮助学生完成评估。

2. 二级目标1.2中，"通顺"指不读错字，不丢字、添字，把句子完整、流利地读出来。"在提示下"指可以通过评估者手指课文内容、范读等方法帮助学生完成评估。

3. 二级目标1.3中，要求读出句号比逗号停顿稍长，能用不同的语气读句子。"在提示下"指可以通过评估者手指课文内容、范读等方法帮助学生完成评估。

4. 二级目标2.1、2.2、2.3中，"在提示下"指评估者背上半句，学生背下半句等方法帮助学生完成评估。

5. 二级目标3.1中，"比划"指借助手势模拟动作来说话。"在提示下"指通过提供例句、出示图片、语言描述等方法帮助学生完成评估。

6. 二级目标3.2中，"评估内容"的第2项"把句子补充完整，并做一做"，例：我会画画，并做出画画的动作。第3项"根据提示做问答游戏"，例：谁的尾巴最好看？孔雀的尾巴最好看。"在提示下"指通过提供例句、语言描述等方法帮助学生完成评估。

7. 二级目标4.1中，"在提示下"指通过提供教材、语言描述等方法帮助学生完成评估。评估者提示语例：你喜欢《乌鸦喝水》这篇课文吗？

8. 二级目标4.2中，学生用1~2句话说出自己的感受和想法即可，例：我觉得乌鸦很聪明。《乌鸦喝水》这个故事真有趣。"评估者引导"指通过语言描述等方法帮助学生完成评估。评估者提示语例：你觉得乌鸦聪明吗？

9. 二级目标5.1中，"在提示下"指评估者通过手指自然段起始部分、语言描述等方法帮助学生完成评估。评估者提示语例：每一自然段的前面空两格。

10. 二级目标5.2中，"在提示下"指评估者通过手指标点符号、语言描述等方法帮助学生完成评估。评估者提示语例：这是逗号，这是句号。

（三）口语交际领域

1. 口语交际领域主要通过日常观察、询问的方式进行评估，如评估者较熟悉学生，可根据学生日常表现直接评分。如不了解，则可根据评估手册、材料进行评估。一年级上册评估材料中，无口语交际领域相关材料，评估者通过观察与询问进行评估即可。

2. 二级目标1.1中，评估者可参照使用指导语"请你举起一只手"，也可换成相同类型的指导语，如：请你抬起一条腿或请你点点头。"在提示下"指学生不能独立完成时，评估者可用语言、动作等给予提示。如通过语言分解动作，你的手在哪里？举起来！然后再要求学生"请你举起一只手"。如学生在语言提示下依旧不能完成，评估者还可以做动作，请学生跟着做。

3. 二级目标1.2中，指导语"请把铅笔放到文具盒里，把书合上，然后坐好"，其中有三个指令，评估者先请学生听三个指令做动作，如不能完成，则可减少成两个指令，如：请把铅笔放到文具盒，把书合上或把书合上，然后坐好。若学生还不能完成，评估者可用语言、动作等给予提示。

4. 二级目标2.1中，"别人听得见的声音"，评估者听见即可，如学生声音较小，评估者可用语言提示，如：你大声说。

5. 二级目标2.2中，"在讨论中"主要依据日常观察，如评估者不熟悉学生，则可创造情境，与学生对话、讨论，如学生不能大胆说出自己的想法，评估者可用语言提示，如：你能说说自己的想法吗？

6. 二级目标3.1中，"在提示下"指评估者可用语言提示，如：你能看着老师的眼睛说话吗？

7. 二级目标3.2中，"能根据场合，用适宜的音量说话"，主要依据日常观察，如评估者不熟悉学生，则可依据当前与学生的对话来进行评估或让学生讲一个故事。"在提示下"，指评估者可用语言提示，如：你的声音可以小一点、你的声音可以大一点。

识字与写字领域

姓名：_____ 年级：_____ 评估者：_____ 评估日期：_____

评估项目			评估内容/方法	评估记录	评估结果与分析		结论与建议
一级目标	二级目标	序号			得分	分析	
1 能认识300个常用汉字	1.1 能认读300个常用汉字	1	认读300个常用汉字	1-1 认读汉字（300个，见材料一）			
		2	在提示下认读300个常用汉字	2-1 看词语/拼音/图片，认读汉字（96个，见材料二）			
				2-2 看词语/拼音/动作，认读汉字（19个，见材料三）			
				2-3 听读音，找出汉字（185个，见材料四）			

7

（续表）

评估项目			评估内容/方法	评估记录	评估结果与分析		结论与建议
一级目标	二级目标	序号 项目			得分	分析	
	1.2 能表达292个常用字词和4个多音字的意思	3 根据语境表达292个常用字词和4个多音字的意思	3-1 说出/比划出/画出常用字词和多音字的意思(292个常用字词，4个多音字，见材料五)				
			3-2 用语言描述汉字的意思（184个，见材料七）				
		4 在提示下，根据语境表达292个常用字词和4个多音字的意思	4-1 用动作演示常用字词的意思（19个，见材料六）				
			4-2 用语言描述常用字词（184个，4个多音字，见材料七）				
			4-3 对照汉字，找出相应的图片（89个，见材料八）				

（续表）

一级目标	二级目标	评估项目		评估内容/方法	评估记录	评估结果与分析		结论与建议
		序号	项目			得分	分析	
2 能认识22个基本笔画和36个常用偏旁	2.1 能认识22个基本笔画	5	说出22个基本笔画名称	5-1 看笔画，说出名称（见材料九）				
		6	找出22个基本笔画	6-1 听笔画名称，找出相对应的笔画（见材料十）				
	2.2 能认识36个常用偏旁	7	说出36个常用偏旁名称	7-1 看偏旁，说出名称（见材料十一）				
		8	找出36个常用偏旁	8-1 听偏旁名称，找出相对应的偏旁（见材料十二）				

（续表）

一级目标	二级目标	评估项目		评估内容/方法	评估记录	评估结果与分析		结论与建议
		序号	项目			得分	分析	
3 能认读汉语拼音	3.1 能认读23个声母	9	认读23个声母	9-1 看声母，读出它的发音（见材料十三）				
		10	在提示下认读23个声母	10-1 看图片或评估者的动作、口型，读出声母（见材料十四）				
	3.2 能认读24个韵母和4个声调	11	认读24个韵母和4个声调	11-1 看韵母，读出它的发音及四声（见材料十五）				
		12	在提示下认读24个韵母和4个声调	12-1 看图片或评估者的动作、口型，读出韵母及四声（见材料十六）				

（续表）

一级目标	二级目标	评估项目		评估内容/方法	评估记录	评估结果与分析		结论与建议
		序号	项目			得分	分析	
	3.3 能认读16个整体认读音节	13	认读16个整体认读音节	13-1 看整体认读音节，读出它的发音（见材料十七）				
		14	在提示下认读16个整体认读音节	14-1 看图片或评估者的动作、口型，读出整体认读音节（见材料十八）				
	3.4 能拼读音节	15	拼读双拼音节、三拼音节及音节词	15-1 看音节及音节词，读出它的发音（见材料十九）				
		16	在提示下拼读双拼音节、三拼音节及音节词	16-1 看图片或评估者的动作、口型，拼读音节及音节词（见材料二十）				

(续表)

一级目标	二级目标	评估项目		评估内容/方法	评估记录	评估结果与分析		结论与建议
		序号	项目			得分	分析	
4 会写100个汉字	4.1 能书写100个汉字	17	听写100个常用汉字	17-1 书写听到的汉字（材料二十）（听写内容见材料二十二）				
		18	仿写100个常用汉字	18-1 仿写汉字（见材料二十二）				
		19	描写100个常用汉字	19-1 描写汉字（见材料二十三）				
		20	用其他的方式写100个常用汉字	20-1 选用合适的方式写出汉字				

（续表）

一级目标	二级目标	评估项目		评估内容/方法	评估记录	评估结果与分析		结论与建议
		序号	项目			得分	分析	
5 会写22个基本笔画和36个常用偏旁	4.2 能规范书写汉字	21	按笔顺规则书写汉字	21-1 按笔顺规则书写汉字（见材料二十四）				
		22	在提示下按笔顺规则书写汉字	22-1 按笔顺书写汉字（见材料二十五）				
	5.1 会写22个基本笔画	23	听写22个基本笔画	23-1 听笔画名称，写出相对应的笔画（材料二十六）（听写内容见材料二十七）				
		24	仿写22个基本笔画	24-1 仿写笔画（见材料二十七）				

（续表）

一级目标	二级目标	评估项目		评估内容/方法	评估记录	评估结果与分析		结论与建议
		序号	项目			得分	分析	
	5.2 会写36个常用偏旁	25	描写22个基本笔画	25-1 描写笔画（见材料二十八）				
		26	用其他的方式写22个基本笔画	26-1 选用合适的方式写出笔画				
		27	听写36个常用偏旁	27-1 听偏旁名称，写出相对应的偏旁（材料二十九）（听写内容见材料三十）				
		28	仿写36个常用偏旁	28-1 仿写偏旁（见材料三十）				

（续表）

一级目标	二级目标	评估项目		评估内容/方法	评估记录	评估结果与分析		结论与建议
		序号	项目			得分	分析	
		29	描写36个常用偏旁	29-1 描写偏旁（见材料三十一）				
		30	用其他的方式写36个常用偏旁	30-1 选用合适的方式写出偏旁				
6 能书写汉语拼音	6.1 能书写声母	31	仿写声母	31-1 仿写声母（见材料三十二）				
		32	描写声母	32-1 描写声母（见材料三十三）				
		33	用其他方式书写声母	33-1 选用合适的方式写出声母				

（续表）

一级目标	二级目标	评估项目		评估内容/方法	评估记录	评估结果与分析		结论与建议
		序号	项目			得分	分析	
	6.2 能书写韵母	34	仿写韵母	34-1 仿写韵母（见材料三十四）				
		35	描写韵母	35-1 描写韵母（见材料三十五）				
		36	用其他方式书写韵母	36-1 选用合适的方式写出韵母				
	6.3 能书写音节	37	仿写音节	37-1 仿写音节（见材料三十六）				
		38	描写音节	38-1 描写音节（见材料三十七）				

（续表）

一级目标	二级目标	评估项目		评估内容/方法	评估记录	评估结果与分析		结论与建议
		序号	项目			得分	分析	
7 能按正确姿势写字	7.1 能按正确坐姿写字	39	用其他方式书写音节	39-1 选用合适的方式写出音节				
		40	用正确的坐姿写字	日常观察				
		41	在提示下用正确的坐姿写字	日常观察				
	7.2 能按正确握笔姿势写字	42	用正确的握笔姿势写字	日常观察				
		43	在提示下用正确的握笔姿势写字	日常观察				

阅读领域

姓名：_____ 年级：_____ 评估者：_____ 评估日期：_____

评估项目				评估记录	评估结果与分析		结论与建议
一级目标	二级目标	序号	评估内容/方法		得分	分析	
1 学习用普通话正确、流利、有感情地朗读课文	1.1 能读准字音	1	正确地朗读所学的课文	1-1 朗读课文《秋天》《影子》（见材料一）			
		2	在提示下正确地朗读所学课文	2-1 评估者指导下朗读课文《秋天》《影子》（见材料一）			
	1.2 能读通课文	3	通顺地朗读所学的课文	3-1 朗读课文《秋天》《影子》（见材料一）			
		4	在提示下通顺地朗读所学课文	4-1 评估者指导下朗读课文《秋天》《影子》（见材料一）			
	1.3 能读出逗号、句号的停顿和人物角色的语气	5	读出所学课文中逗号、句号的停顿和人物角色的语气	5-1 朗读课文《雨点儿》（见材料二）			

（续表）

一级目标	二级目标	序号	项目	评估内容/方法	评估记录	评估结果与分析		结论与建议
						得分	分析	
2 能诵读课文内的儿歌、儿童诗和浅近的古诗		6	在提示下读出所学课文中逗号、句号的停顿和人物角色的语气	6-1 评估者指导下朗读课文《雨点儿》（见材料二）				
	2.1 能背诵儿歌7首	7	背诵儿歌7首	7-1 背诵儿歌《金木水火土》《四季》《大小多少》《小书包》《升国旗》《前后》《雪地里的小画家》（见材料三）				
		8	在提示下背诵儿歌7首	8-1 评估者指导下背诵儿歌《金木水火土》《四季》《大小多少》《小书包》《升国旗》《前后》《雪地里的小画家》（见材料三）				

（续表）

一级目标	二级目标	评估项目		评估内容/方法	评估记录	评估结果与分析		结论与建议
		序号	项目			得分	分析	
	2.2 能背诵儿童诗1首	9	背诵儿童诗1首	9-1 背诵儿童诗《小小的船》（见材料四）				
		10	在提示下背诵儿童诗1首	10-1 评估者指导下背诵儿童诗《小小的船》（见材料四）				
	2.3 能背诵浅近的古诗5首	11	背诵浅近的古诗5首	11-1 背诵古诗《咏鹅》《画》《悯农（其二）》《古朗月行（节选）》《风》（见材料五）				
		12	在提示下背诵浅近的古诗5首	12-1 评估者指导下背诵古诗《咏鹅》《画》《悯农（其二）》《古朗月行（节选）》《风》（见材料五）				

（续表）

一级目标	二级目标	评估项目		评估内容/方法	评估记录	评估结果与分析		结论与建议
		序号	项目			得分	分析	
3 能在阅读中积累词语、句子	3.1 能说出/比划出阅读中积累的词语	13	说出/比划出阅读中积累的词语	13-1 在括号里补充合适的词语（见材料六）				
				13-2 将成语补充完整（见材料六）				
		14	在提示下说出/比划出阅读中积累的词语	14-1 照样子，在括号里补充合适的词语（见材料七）				
				14-2 看图片，在括号里补充合适的词语（见材料七）				
				14-3 选择合适的量词填空（见材料七）				

（续表）

一级目标	二级目标	评估项目		评估内容/方法	评估记录	评估结果与分析		结论与建议
		项目	序号			得分	分析	
	3.2 能说出/比划出阅读中积累的句子	说出/比划出阅读中积累的句子	15	15-1 接读名言（见材料八）				
				15-2 把句子补充完整，并做一做（见材料八）				
				15-3 根据提示做问答游戏（见材料八）				
		在提示下说出/比划出阅读中积累的句子	16	16-1 照样子，把句子补充完整，并做一做（见材料九）				
				16-2 照样子，根据提示做问答游戏（见材料九）				

（续表）

评估项目			评估内容/方法	评估记录	评估结果与分析		结论与建议
一级目标	二级目标	序号	项目		得分	分析	
4 能对文中感兴趣的人物和事件有自己的感受和想法，能与人交流	4.1 能找出感兴趣的课文	17	从教材中找出感兴趣的课文	17-1 找出感兴趣的课文（见教材）			
		18	在提示下从教材中找出感兴趣的课文	18-1 评估者引导找出感兴趣的课文（见教材）			
	4.2 对文中感兴趣的人物、事件等，能说出/比划出自己的感受和想法	19	说出/比划出自己的感受和想法	19-1 说出/比划出自己的感受和想法（见教材）			
		20	在提示下说出/比划出自己的感受和想法	20-1 评估者引导说出/比划出自己的感受和想法（见教材）			

（续表）

评估项目			评估记录	评估结果与分析		结论与建议
一级目标	二级目标	序号	项目	评估内容/方法		
					得分	分析
5 能认识自然段及课文中出现的常用标点符号	5.1 能数出课文的自然段	21	标出/说出课文的自然段	21-1 数出短文中的自然段（见材料十）		
		22	在提示下标出/说出课文的自然段	22-1 评估者指导数出短文中的自然段（见材料十）		
	5.2 能说出/比划出/找出课文中的逗号、句号	23	说出/比划出课文中的逗号、句号	23-1 找出句中的逗号、句号（见材料十一）		
		24	在提示下说出/比划出或找出课文中的逗号、句号	24-1 说出""、""。""的名称（见材料十二）		
				24-2 找出句中的逗号、句号（见材料十二）		

口语交际领域

姓名：_____　年级：_____　评估者：_____　评估日期：_____

评估项目			评估内容/方法	评估记录	评估结果与分析		结论与建议
一级目标	二级目标	序号 项目			得分	分析	
1 能认真听别人讲话，了解讲话的内容	1.1 能认真听单一指令并做出相应动作	1 听单一指令，做动作	日常观察，询问（指导语：例如，请你举起一只手。）				
		2 听单一指令，在提示下做动作	日常观察，询问（指导语：例如，请你举起一只手。）				
	1.2 能认真听两个及以上指令并做出相应动作	3 听两个及以上指令，做动作	日常观察，询问（指导语：例如，请把铅笔放到文具盒里，把书合上，然后坐好。）				

（续表）

一级目标	二级目标	评估项目		评估内容/方法	评估记录	评估结果与分析		结论与建议
		序号	项目			得分	分析	
2 能在交际中，积极、自信、大胆地说话	2.1 能用别人听得见的声音说话	4	听两个及以上指令，在提示下做动作	日常观察、询问（例如，请把铅笔放到文具盒里，把书合上，然后坐好。）				
		5	用别人听得见的声音说话	日常观察、询问（例如，你叫什么名字？请大声告诉我。）				
		6	在提示下用别人听得见的声音说话	日常观察、询问（例如，你叫什么名字？请大声告诉我。）				

（续表）

评估项目			评估内容/方法	评估记录	评估结果与分析		结论与建议
一级目标	二级目标	序号	项目		得分	分析	
3 与别人交谈时，能自然大方，有礼貌	2.2 能在讨论中大胆说出自己的想法	7	在讨论中大胆说出自己的想法	日常观察、询问			
		8	讨论中在提示下大胆说出自己的想法	日常观察、询问			
	3.1 与别人交谈时，能看着对方的眼睛	9	与别人交谈时，看着对方的眼睛	日常观察、询问			
		10	与别人交谈时，在提示下看着对方的眼睛	日常观察、询问			

（续表）

评估项目			评估内容/方法	评估记录	评估结果与分析		结论与建议
一级目标	二级目标	序号 项目			得分	分析	
	3.2 能根据场合，适宜音量说话	11 根据场合，用适宜的音量说话	日常观察、询问				
		12 根据场合，在提示下用适宜的音量说话	日常观察、询问				

语文·一年级
（下册）

编写人员：

赵 莉　彭益珍　张 琳　顾 静　钱正慧　张 华
王淑琴　唐宁宁　王金凤　秦 闻

学　校：_____　　年　级：_____
姓　名：_____　　出生日期：_____
评估者：_____　　评估时间：_____

评估标准：

　　3分：独立完成单一知识/技能；或独立完成多重知识/技能100%。

　　2分：独立完成或在单一支持下完成多重知识/技能60%及以上；或在单一支持下完成单一知识/技能。

　　1分：独立完成或在多重支持下完成多重知识/技能20%～60%以内；或在多重支持下完成单一知识/技能。

　　0分：独立完成或在多重支持下完成多重知识/技能20%以下；或在多重支持下无法完成单一知识/技能。

使用指南

一、设计思路

　　一年级下册语文课程评估手册共分为识字与写字、阅读、口语交际三个领域，每个领域的目标由一级目标和二级目标组成，每个二级目标下设置评估项目。本册共计3个领域、15个一级目标、34个二级目标、70个评估项目。识字与写字领域一级目标7个，二级目标13个，评估项目32项；阅读领域一级目标5个，二级目标14个，评估项目24项；口语交际领域一级目标3个，二级目标7个，评估项目14项。一级目标来自低年级段义务教育语文课程标准，二级目标是结合人民教育出版社一年级下册语文教材对一级目标分解而来。每个二级目标下设计有2~4个评估项目，同一个二级目标下的评估项目是按照由独立到提示或难易度排列。例如：识字与写字领域二级目标"1.1能认读400个常用汉字"下，有两个评估项目，"1.认读400个常用汉字"，这是评估学生能否独立认读，能认读多少，能读对多少；"2.在提示下认读400个常用汉字"这是评估学生不能独立认读时，在词语、拼音、图片、动作等提示下，能认读多少，能读对多少。每个评估项目后都列出了评估内容/方法，说明评估什么、用什么评估、怎么评估。

二、操作方法

　　评估时，评估者先从第一个评估项目开始，如果被评估的学生在该评估项目上全部通过，直接跳到下一个二级目标的评估项目1继续评估，依此类推。对通过的项目在评估手册的"评估记录"栏中记录评估结果，例如："认读常用汉字400个"，如果学生能全部独立认读，就根据评分标准在"评估结果与分析"得分栏中记3分，分析栏中说明该生已经100%掌握一年级下册400个常用汉字的认读，学习目标已达成，建议该生可以进入下一册常用汉字的学习。如，学生能独立认读300个，正确率75%，记2分；如，学生只能独立认读200个，正确率50%，记1分，分析栏中说明该生未能全部掌握，只能独立认读75%或50%，剩余25%或50%不能独立认读，建议进行提示下再评估。

　　如果被评估的学生在评估项目1（独立完成项目）没有全部通过，其中没有通过的评估内容就进入评估项目2（提示下完成项目）继续评估。如果在单一提示下完成，属于2分项；如果在两种或两种以上提示下完成，属于1分项；如果在多重提示下仍然无法完成，属于0分项，都在评估材料中标注评估结果。将处于最近发展区的2分项和1分项分别汇总，填写在评估手册的"评估结果与分析"栏中，并做分析。2分项和1分项是学生可接近性学习目标，从中优先选择迫切需要学习的项目，作为下一阶段的学习目标，填写在"结论与建议"中。

三、评估例举

（一）识字与写字领域

该领域有400个常用汉字，每个汉字在本手册中都有固定编号。例如：汉字"霜"，编号为"1"。在材料一中，如学生不能独立认读，评估者则可在材料二(2-1词语和图片）中依据编号快速找到"摔"这个字，以评估学生是否能通过看图片/拼音/词语等提示认读出该字。本册生字编号顺序为，1-95号是材料二的汉字，96-126号是材料三的汉字，127-400号是材料四的汉字。

1. 二级目标1.1中，"1.认读400个常用汉字"是评估学生能否独立认读，能认读多少，能读对多少。"2.在提示下认读400个常用汉字"是评估学生不能独立认读时，可以通过让学生看词语、拼音、图片、动作等方法帮助学生完成评估。

2. 二级目标1.2中，"3.表达"是指学生可通过说出、比划出、画出等方式表达常用字词的意思。4."在提示下"是指用语言、动作等方式帮助学生完成评估。

3. 二级目标2.1中，"6.找出5个基本笔画"是指让学生先听笔画名称，再找出所听到的笔画完成评估。

4. 二级目标2.2中，"8.找出28个常用偏旁"是指让学生先听偏旁名称，再从两个为一组的偏旁里找出所听到的常用偏旁完成评估。

5. 二级目标3.1中，"10.在提示下"是指让学生看对应的小写字母或评估者的口型，读出大写字母。

6. 二级目标3.2中，"12.在提示下"是指让学生看评估材料十五中的提示，按顺序背出《汉语拼音字母表》完成评估。

7. 二级目标4.1中，"13.书写听到的汉字"听写内容见材料十七中的200个汉字。

8. 二级目标4.1中，"16.用其他的方式"是指学生可以用书空、指写等合适的方式书写汉字完成评估。

9. 二级目标4.2中，"18.在提示下"是指让学生一边看笔顺一边书写汉字完成评估。

10. 二级目标5.1中，"19.听写5个基本笔画"听写内容见材料二十二中的5个笔画。

11. 二级目标5.1中，"22用其它的方式"是指学生可以用书空、指写等合适的方式书写笔画完成评估。

12. 二级目标5.2中，"23.听写28个常用偏旁"听写内容见材料二十四中的28个偏旁。

13. 二级目标6.1中，"28.在提示下"是指评估者通过语言、视觉提示、动作等方法帮助学生完成评估。例："池（chí）先找到大写字母，再找……在正文第……页。"

14. 二级目标7.1中，"30.在提示下"是指评估者通过语言、动作、辅具等方式帮助学生坐端正完成评估。例：腰挺直，脚放平。

15. 二级目标7.2，"32.在提示下"是指评估者通过语言、动作、辅具等方式帮助学生正确握笔完成评估。

（二）阅读领域

1. 二级目标1.1中，"正确"指发音准确、吐字清晰。"在提示下"指可以通过评估者手指课文内容、范读等方法帮助学生完成评估。

2. 二级目标1.2中，"通顺"指不读错字，不丢字、添字，把句子完整、流利地读出来。"在提示下"指可以通过评估者手指课文内容、范读等方法帮助学生完成评估。

3. 二级目标1.3中，要求读出问号疑问的语气，感叹号较强的语气，能用不同的语气读句子。"在提示下"指可以通过评估者手指课文内容、范读、用手势提示等方法帮助学生完成评估。

4. 二级目标2.1、2.2中，"在提示下"指评估者背上半句，学生背上半句等方法帮助学生完成评估。

5. 二级目标3.1中，"比划"指借助手势模拟动作来说话。"在提示下"指提供例句、语言描述等方法帮助学生完成评估。

6. 二级目标3.2中，"评估内容"的第1项"将句子补充完整"，例：要是能赶上绿灯，就能及时通过路口。要是能及时通过路口，就能赶上公共汽车。第4项"根据提示做问答游戏"，例：你姓什么？我姓张。什么张？弓长张。"在提示下"指通过提供例句、语言描述、引导联系自己姓氏等方法帮助学生完成评估。

7. 二级目标3.3中，用语言或者动作表达词语的意思，如"掰"做出"掰"的动作即可。

"在提示下"指评估者通过动作表演、提供图片、联系生活实际和课文内容等方法帮助学生完成评估。评估者提示语例：评估者朗读"从前，这里只有一棵树，树上只有一个鸟窝，鸟窝里只有一只喜鹊。树很孤单，喜鹊也很孤单"后，提问学生：你觉得"孤单"是什么意思？

8.二级目标4.1、4.2中，学生简单说出自己的感受和想法即可。"在提示下"指通过提供教材、评估者提问、语言描述等方法帮助学生完成评估。评估者提示语例：《小壁虎借尾巴》中你最喜欢谁呀？

9.二级目标5.2中，"在提示下"指评估者手指标点符号，语言描述等方法帮助学生完成评估。评估者提示语例：这是问号，这是感叹号。

（三）口语交际领域

1.口语交际领域主要通过日常观察、询问的方式进行评估，如评估人员较熟悉学生，可根据学生日常表现直接评分。如不了解，则可根据评估手册、评估材料进行评估。一年级下册评估材料中，提供了教材中口语交际领域的相关材料，分别是材料一《听故事，讲故事》、材料二《打电话》、材料三《一起做游戏》、材料四《请你帮个忙》，评估人员可参考使用。

2.评估时，如不同的评估项目使用相同的材料，可合并进行评估。如1.1与2.1可同步进行，1.2与3.1、3.2可同步进行。

3.二级目标1.1中，"在提示下"指评估者可用语言帮助学生完成评估。如：图上有谁？发生了什么事？他们可能会说什么话呢？

4.二级目标1.2中，"在提示下"指评估者可现场模拟打电话，根据学生的反应做出语言提示。也可让学生先听电话录音，再模拟打电话。

5.二级目标2.3中，"在提示下"指评估者可提示学生用"先……接着……最后……"或"第一步、第二步、第三步"等词，引导学生分步骤说游戏的规则。评估者也可提示学生做相应的动作，如学生不会做动作，评估者可示范，让学生跟着做。

6.二级目标3.1中，"在提示下"指评估者可用语言提示学生说相应的礼貌用语，如：你好、请问、谢谢、再见等。

识字与写字领域

姓名：_____　年级：_____　评估者：_____　评估日期：_____

一级目标	二级目标	评估项目		评估内容/方法	评估记录	评估结果与分析		结论与建议
		序号	项目			得分	分析	
1 能认识400个常用汉字	1.1 能认读400个常用汉字	1	认读400个常用汉字	1-1 认读汉字（400个，见材料一）				
		2	在提示下认读400个常用汉字	2-1 看词语/图片/拼音，认读汉字（95个，见材料二）				
				2-2 看词语/拼音/动作，认读汉字（31个，见材料三）				
				2-3 听读音，找出汉字（274个，见材料四）				

（续表）

评估项目			评估内容/方法	评估记录	评估结果与分析		结论与建议
一级目标	二级目标	序号	项目		得分	分析	
	1.2 能表达397个常用字词和6个多音字的意思	3	根据语境表达397个常用字词和6个多音字的意思	3-1 说出/比划出/画出常用字和6个多音字的意思（397个常用字词，6个多音字，见材料五）			
		4	在提示下，根据语境表达397个常用字词和6个多音字的意思	4-1 用动作演示常用字词的意思（31个，见材料六）			
				4-2 用语言描述常用字词的意思（302个常用字词，6个多音字，见材料七）			
				4-3 对照汉字，找出相应的图片（64个，见材料八）			

（续表）

一级目标	二级目标	评估项目		评估内容/方法	评估记录	评估结果与分析		结论与建议
		序号	项目			得分	分析	
2 能认识5个基本笔画和28个常用偏旁	2.1 能认识5个基本笔画	5	说出5个基本笔画	5-1 看笔画，说出名称（见材料九）				
		6	找出5个基本笔画	6-1 听笔画名称，找出相对应的笔画（见材料十）				
	2.2 能认识28个常用偏旁	7	说出28个常用偏旁	7-1 看偏旁，说出名称（见材料十一）				
		8	找出28个常用偏旁	8-1 听偏旁名称，找出相对应的偏旁（见材料十二）				

（续表）

一级目标	二级目标	评估项目		评估内容/方法	评估记录	评估结果与分析		结论与建议
		序号	项目			得分	分析	
3 能认识大写字母，熟记《汉语拼音字母表》	3.1 能认读大写字母	9	认读26个大写字母	9-1 看大写字母，读出它的发音（见材料十三）				
		10	在提示下认读26个大写字母	10-1 看对应的小写字母或评估者口型读出大写字母（见材料十四）				
	3.2 能背出《汉语拼音字母表》	11	背出《汉语拼音字母表》	11-1 按顺序背出《汉语拼音字母表》（见材料十三）				
		12	在提示下背出《汉语拼音字母表》	12-1 看提示，按顺序背出《汉语拼音字母表》（见材料十五）				

（续表）

一级目标	二级目标	评估项目		评估内容/方法	评估记录	评估结果与分析		结论与建议
		序号	项目			得分	分析	
4 会写200个汉字	4.1 能书写200个汉字	13	听写200个常用汉字	13-1 书写听到的汉字（见材料十六）（听写内容见材料十七）				
		14	仿写200个常用汉字	14-1 仿写汉字（见材料十七）				
		15	描写200个常用汉字	15-1 描写汉字（见材料十八）				
		16	用其他的方式写200个常用汉字	16-1 选用合适的方式写出汉字				

（续表）

一级目标	二级目标	评估项目		评估内容/方法	评估记录	评估结果与分析		结论与建议
		序号	项目			得分	分析	
	4.2 能规范书写汉字	17	按笔顺规则书写汉字	17-1 按笔顺规则书写汉字（见材料十九）				
		18	在提示下按笔顺规则书写汉字	18-1 按笔顺书写汉字（见材料二十）				
5 会写5个基本笔画和28个常用偏旁	5.1 会写5个基本笔画	19	听写5个基本笔画	19-1 听笔画名称，写出相对应的笔画（见材料二十一）（听写内容见材料二十二）				
		20	仿写5个基本笔画	20-1 仿写笔画（见材料二十二）				

（续表）

一级目标	二级目标	评估项目		评估内容/方法	评估记录	评估结果与分析		结论与建议
		序号	项目			得分	分析	
	5.2 会写28个常用偏旁	21	描写5个基本笔画	21-1 描写笔画（见材料二十三）				
		22	用其他的方式写5个基本笔画	22-1 选用合适的方式写出笔画				
		23	听写28个常用偏旁	23-1 听偏旁名称，写出相对应的偏旁（见材料二十四）（听写内容见材料二十五）				
		24	仿写28个常用偏旁	24-1 仿写偏旁（见材料二十五）				

（续表）

一级目标	二级目标	评估项目		评估内容/方法	评估记录	评估结果与分析		结论与建议
		序号	项目			得分	分析	
6 能使用音序法查字典	6.1 能按音序查字法查指定注音汉字	25	描写28个常用偏旁	25-1 描写偏旁（见材料二十六）				
		26	用其他的方式写28个常用偏旁	26-1 选用合适的方式写出偏旁				
		27	按音序查字法查指定注音汉字	27-1 按音序查字法查注音的汉字（见材料二十七）				
		28	在提示下按音序查字法查指定注音汉字	28-1 评估者指导下按音序查字法查注音的汉字（见材料二十七）				

（续表）

评估项目			评估内容/方法	评估记录	评估结果与分析		结论与建议
一级目标	二级目标	序号 项目			得分	分析	
7 能按姿势写字	7.1 能按正确坐姿写字	29 按正确的坐姿写字	日常观察				
		30 在提示下按正确的坐姿写字	日常观察				
	7.2 能按正确握笔姿势写字	31 按正确的握笔姿势写字	日常观察				
		32 在提示下按正确的握笔姿势写字	日常观察				

阅读领域

姓名：_____ 年级：_____ 评估者：_____ 评估日期：_____

<table>
<tr><th colspan="3">评估项目</th><th rowspan="2">评估内容/方法</th><th rowspan="2">评估记录</th><th colspan="2">评估结果与分析</th><th rowspan="2">结论与建议</th></tr>
<tr><th>一级目标</th><th>二级目标</th><th>序号</th><th>得分</th><th>分析</th></tr>
<tr><td rowspan="3">1 学习用普通话正确、流利、有感情地朗读课文</td><td rowspan="2">1.1 能读准字音</td><td>1</td><td>正确地朗读所学的课文</td><td>1-1 朗读课文《我多想去看看》《树和喜鹊》《怎么都快乐》《彩虹》《要下雨了》《动物儿歌》《动物王国开大会》《棉花姑娘》（见材料一）</td><td></td><td></td><td></td></tr>
<tr><td>2</td><td>在提示下正确地朗读所学课文</td><td>2-1 评估者指导下朗读课文《我多想去看看》《树和喜鹊》《怎么都快乐》《彩虹》《要下雨了》《动物儿歌》《动物王国开大会》《棉花姑娘》（见材料一）</td><td></td><td></td><td></td></tr>
<tr><td>1.2 能读通顺课文</td><td>3</td><td>通顺地朗读所学的课文</td><td>3-1 朗读课文《我多想去看看》《树和喜鹊》《怎么都快乐》《彩虹》《要下雨了》《动物儿歌》《动物王国开大会》《棉花姑娘》（见材料一）</td><td></td><td></td><td></td></tr>
</table>

(续表)

一级目标	二级目标	序号	项目	评估内容/方法	评估记录	评估结果与分析		结论与建议
						得分	分析	
	1.3 能读出问号、感叹号和人物角色的语气	4	在提示下通顺地朗读所学课文	4-1 评估者指导下朗读课文《我多想去看看》《树和喜鹊》《怎么都快乐》《彩虹》《要下雨了》《动物王国开大会》《棉花姑娘》(见材料一)				
		5	读出所学课文中问号、感叹号和人物角色的语气	5-1 朗读课文《动物王国开大会》(见材料一)				
		6	在提示下读出所学课文中问号、感叹号和人物角色的语气	6-1 评估者指导下朗读课文《动物王国开大会》(见材料一)				
2 能诵读课内的儿歌和浅近的古诗	2.1 能背诵儿歌3首	7	背诵儿歌3首	7-1 背诵儿歌《春夏秋冬》《姓氏歌》《古对今》(见材料二)				

（续表）

一级目标	二级目标	评估项目		评估内容/方法	评估记录	评估结果与分析		结论与建议
		序号	项目			得分	分析	
		8	在提示下背诵儿歌3首	8-1 评估者指导下背诵儿歌《春夏秋冬》《姓氏歌》《古对今》（见材料二）				
	2.2 能背诵浅近古诗8首	9	背诵浅近古诗8首	9-1 背诵古诗《人之初》《春晓》《赠汪伦》《静夜思》《寻隐者不遇》《池上》《小池》《画鸡》（见材料三）				
		10	在提示下背诵浅近古诗8首	10-1 评估者指导下背诵古诗《人之初》《赠汪伦》《静夜思》《春晓》《寻隐者不遇》《池上》《小池》《画鸡》（见材料三）				

（续表）

一级目标	二级目标	评估项目		评估内容/方法	评估记录	评估结果与分析		结论与建议
		序号	项目			得分	分析	
3 能结合上下文、生活实际，图画了解课文中词句的意思	3.1 能说出/比划出阅读中积累的词语	11	说出/比划出阅读中积累的词语	11-1 将词语补充完整（见材料四）				
				11-2 在括号里补充合适的动词（见材料四）				
				11-3 将短语补充完整（见材料四）				
				11-4 将成语补充完整（见材料四）				
		12	在提示下说出/比划出阅读中积累的词语	12-1 照样子，将短语补充完整（见材料五）				

47

(续表)

一级目标	二级目标	评估项目		评估内容/方法	评估记录	评估结果与分析		结论与建议
		序号	项目			得分	分析	
	3.2 能说出/比划出阅读中积累的句子	13	说出/比划出阅读中积累的句子	13-1 将句子补充完整（见材料六）				
				13-2 接读名言（见材料六）				
				13-3 在横线上填写合适的叠词（见材料六）				
				13-4 根据提示做问答游戏（见材料六）				

（续表）

一级目标	二级目标	评估项目		评估内容/方法	评估记录	评估结果与分析		结论与建议
		序号	项目			得分	分析	
		14	在提示下说出/比划出阅读中积累的句子	14-1 照样子，将句子补充完整（见材料七）				
				14-2 仿照例句，在横线上填写合适的叠词（见材料七）				
				14-3 照样子，根据提示做问答游戏（见材料七）				

(续表)

一级目标	二级目标	评估项目		评估内容/方法	评估记录	评估结果与分析		结论与建议
		序号	项目			得分	分析	
	3.3 能结合上下文、生活实际图画说出/比划出课文中词语的意思	15	说出/比划出课文中词语的意思	15-1 说出词语的意思（见材料八）				
		16	在提示下说出/比划出课文中词语的意思	16-1 根据图片提示说出词语的意思（见材料九）				
				16-2 联系生活经验说出词语的意思（见材料九）				
				16-3 根据《猜字谜（一）》中上下文内容说出词语的意思（见材料九）				

（续表）

一级目标	二级目标	评估项目		评估内容/方法	评估记录	评估结果与分析		结论与建议
		序号	项目			得分	分析	
	3.4 能结合上下文、生活实际图画说出/比划出课文中句子的意思	17	说出/比划出课文中句子的意思	17-1 说出句子的意思（见材料十）				
		18	在提示下说出/比划出课文中句子的意思	18-1 评估者指导下说出句子的意思（见材料十一）				
4 能对文中感兴趣的人物和事件有自己的感受和想法，能与人交流	4.1 对文中感兴趣的人物有自己的感受和想法，能与人交流	19	说出/比划出感兴趣的人物	19-1 说出/比划出感兴趣的人物（见教材）				

（续表）

评估项目			评估内容/方法	评估记录	评估结果与分析		结论与建议
一级目标	二级目标	序号 项目			得分	分析	
	4.2 对文中感兴趣的事件有自己的感受和想法，能与人交流	20 在提示下说出/比划出感兴趣的人物	20-1 评估者引导说出/比划出感兴趣的人物（见教材）				
		21 说出/比划出感兴趣的事件	21-1 说出/比划出感兴趣的事件（见教材）				
		22 在提示下说出/比划出感兴趣的事件	22-1 评估者引导说出/比划出感兴趣的事件（见教材）				

（续表）

评估项目			评估内容/方法	评估记录	评估结果与分析		结论与建议
一级目标	二级目标	序号	项目			得分	分析
5 能认识课文中出现的常用标点符号	5.1 能说出/比划出课文中的问号、感叹号	23	说出/比划出课文中的问号、感叹号	23-1 找出句中的问号、感叹号（见材料十二）			
	5.2 能找出课文中的问号、感叹号	24	在提示下说出/比划出/找出课文中的问号、感叹号	24-1 说出"?""!"的名称（见材料十三）			
				24-2 找出句中的问号、感叹号（见材料十三）			

口语交际领域

姓名：_____　　年级：_____　　评估者：_____　　评估日期：_____

评估项目			评估内容/方法	评估记录	评估结果与分析		结论与建议
一级目标	二级目标	序号			得分	分析	
1 能认真听别人讲话，了解讲话的内容	1.1 能边看图边认真听故事，记住故事内容	1	看图听故事，说出/比划出故事内容	1-1 日常观察、询问或见材料一			
		2	看图听故事，在提示下说出/比划出故事内容	2-1 日常观察、询问或见材料一			
	1.2 能在打电话时认真听别人说话，并做出回应	3	打电话时认真倾听，做出适当回应	3-1 日常观察、询问或见材料二			
		4	打电话时认真倾听，在提示下做出回应	4-1 日常观察、询问或见材料二			
2 能在交际中，积极、自信、大胆地说话	2.1 能用别人听得见的声音讲故事	5	用别人听得见的声音讲故事	5-1 日常观察、询问或见材料一			

（续表）

一级目标	二级目标	评估项目		评估内容/方法	评估记录	评估结果与分析		结论与建议
		序号	项目			得分	分析	
		6	在提示下用别人听得见的声音讲故事	6–1 日常观察、询问或见材料一				
	2.2 能在或游戏遇到困难时，主动、大胆地说出自己的请求	7	游戏或遇到困难时，说出自己的请求	7–1 日常观察、询问或见材料三、材料四				
		8	游戏或遇到困难时，在提示下说出自己的请求	8–1 日常观察、询问或见材料三、材料四				
	2.3 能在游戏时清楚地介绍游戏规则	9	游戏时用语言、动作等介绍游戏规则	9–1 日常观察、询问或见材料三				
		10	游戏时，在提示下用语言、动作等介绍游戏规则	10–1 日常观察、询问或见材料三				

（续表）

评估项目			评估内容/方法	评估记录	评估结果与分析		结论与建议
一级目标	二级目标	序号	项目			得分	分析
3 与别人交谈时，能自然大方，有礼貌	3.1 能在打电话、请求别人帮助时，使用合适的礼貌用语	11	使用合适的礼貌用语打电话、请求别人帮助	11-1 日常观察、询问或见材料二、材料四			
		12	在提示下使用合适的礼貌用语打电话、请求别人帮助	12-1 日常观察、询问或见材料二、材料四			
	3.2 能在打电话时主动说出自己是谁	13	打电话时主动说出自己是谁	13-1 日常观察、询问见材料二			
		14	打电话时，在提示下说出自己是谁	14-1 日常观察、询问见材料二			

数学·一年级
（上册）

编写人员：

芮代琴　刘加芳　刘　婷　赵　敏　吴振兰　宋晓杰
李月月　翁丽丽　茅　成

学　　校：_____　　年　　级：_____
姓　　名：_____　　出生日期：_____
评 估 者：_____　　评估时间：_____

评估标准：

　　3分：独立完成单一知识/技能；或独立完成多重知识/技能100%。

　　2分：独立完成或在单一支持下完成多重知识/技能60%及以上；或在单一支持下完成单一知识/技能。

　　1分：独立完成或在多重支持下完成多重知识/技能20%～60%以内；或在多重支持下完成单一知识/技能。

　　0分：独立完成或在多重支持下完成多重知识/技能20%以下；或在多重支持下无法完成单一知识/技能。

使用指南

一、设计思路

一年级上册数学课程评估手册共分为数与代数、图形与几何、统计与概率三个领域，每个领域的目标由一级目标、二级目标和三级目标组成，每个三级目标下设置评估项目。共计3个领域、4个一级目标、12个二级目标、37个三级目标、79个评估项目。数与代数领域一级目标2个，二级目标9个，三级目标30个，评估项目65项；图形与几何领域一级目标1个，二级目标2个，三级目标4个，评估项目8项；统计与概率领域一级目标1个，二级目标1个，三级目标3个，评估项目6项。一级目标、二级目标均来自普通小学义务教育第一学段（1~3年级）数学课程标准，三级目标是结合现行一年级上册数学教材对二级目标分解而来。每个三级目标下设计有2~3个评估项目，同一个三级目标下的评估项目是按照由独立到提示或由难到易排列。

例如：三级目标"1.1.1能数出（说出/比划出）具体情境中10以内物体的个数"下，有两个评估项目，"1.数出（说出/比划出）10以内物体的个数"，这是评估学生能否独立数出物体的个数，能数对多少；"2.在提示下数出（说出/比划出）10以内物体的个数"，这是评估学生在不能独立数出时，在语言、动作等提示下，能数出物体的个数，能数对多少。每个评估项目后都列出了评估内容与方法，说明了评估什么、用什么评估、怎么评估。

二、操作方法

评估时，评估者先从第一个评估项目开始，如果被评估的学生在该评估项目上全部通过，直接跳到下一个三级目标的评估项目"1"继续评估，以此类推。对通过的项目在评估手册的"评估记录"栏中记录评估结果，例如："数出10以内物体的个数"，如果学生能全部独立数出10个数字对应的物体，就根据评分标准在"评估结果与分析"得分栏中记3分，分析栏中说明该生已经100%掌握10以内数的点数，学习目标已达成，建议该生可以进入后续目标与单元知识的学习；如果学生能独立数对6个，正确率60%，根据评分标准在"评估结果与分析"得分栏中记2分（如果学生只能独立认读3~4个，正确率30%~40%，只记1分；正确率低于20%，记0分），分析栏中说明该生未能全部数出，只能独立数出60%，剩余的40%不能独立数出，建议在提示下再评估。

如果被评估的学生在评估项目1（独立完成项目）没有全部通过，就进入评估项目2（提示下完成项目）继续评估未通过的评估内容。如果在单一提示下完成，记2分；如果在两种或两种以上提示下完成，记1分；如果在多重提示下仍然无法完成，记0分，并在评估材料中逐题标注评估结果。将处于最近发展区的2分项和1分项分别汇总，填写在评估手册的"评估结果与分析"栏中，并做分析。2分项和1分项是学生可接近性学习目标，从中优先选择迫切需要学习的项目，作为下一阶段的学习目标，填写在"结论与建议"中。

三、评估例举

（一）数与代数领域

1. 三级目标1.1.1和1.1.3中，"语言/动作等提示"指的是除了语言、动作提示之外，其他可以帮助学生完成评估的提示。

2. 三级目标1.1.2和1.1.4中可用圆片、珠子等其他实物替代小棒完成评估。

3. 三级目标1.2.1和1.2.2中，项目9和项目11要求教师随机出示数字卡片，让学生读出数字完成评估。

4. 三级目标1.2.3和1.2.4中，"数字示范提示"指评估者可先写一个数字作为范例，让学生仿写。"动作提示"指评估者可用手比划数字给学生看，让学生写出数字，帮助学生完成评估。

5. 三级目标1.3.1中，项目17的第2题可与项目1的第2题可以同时进行。如不具备写的能力，学生可以拿出相对应的数字卡片。

6. 三级目标1.3.2中，项目19"结合具体情境中的实物"指直接数出身边的物体个数完成评估。

7. 三级目标1.3.3和1.3.4中，项目21和项目23可在课间操或者课堂中进行评估。项目22和项目24可标上方向箭头帮助学生分清左右，小鸭子下面标上相应的数字或者语言等提示，帮助学生完成评估。

8. 三级目标1.4.1中，项目26可用画辅助线提示学生比较长短，完成评估。

9. 三级目标1.4.2中，项目28可出示一一对应图进行操作提示，也可用语言提示，例如：开口大的对着大数，从而帮助学生完成评估。

10. 三级目标1.4.3中，评估者出示符号">""<"和"="，要求学生说出或者比划出符号

的名称完成评估。

11.三级目标1.4.4中，项目32可让学生在日字格中描写出符号">""<"和"="完成评估。

12.三级目标1.4.5和1.4.6中，项目34和36可出示一一对应图进行操作提示帮助学生完成评估。

13.三级目标2.1.1中，"在提示下"指可以通过评估者口型、动作比划等提示，帮助学生完成评估。

14.三级目标2.1.2中，要求学生独立说出10以内所有数的分合式，若不能独立说出，可以让学生填写分合式。"在提示下"指评估者需要借助小棒操作等提示，帮助学生完成评估。

15.三级目标2.2.1和2.2.2中，"在提示下"指评估者借助语言和动作提示，帮助学生完成评估。如：老师手上拿了3根小棒，又拿来了2根，数一数一共拿了几根小棒？用什么方法计算？

16.三级目标2.2.3中，"在提示下"指评估者利用计数器或者小棒演示，帮助学生完成评估。

17.三级目标2.3.1和2.3.2中，"熟练"指能正确完成所有算式，且能达到每分钟完成8~10题。"正确"指不考虑速度，结果正确即可。"在提示下"指可以通过看图片、摆实物、画圆圈等提示，帮助学生完成评估。

18.三级目标2.3.3和2.3.4中，"熟练"指能正确完成所有算式，且能达到每分钟完成3~4题。"正确"指不考虑速度，结果正确即可。"在提示下"指可以通过看图片、摆实物、画圆圈等提示，帮助学生完成评估。

19.三级目标2.4.1中，"在提示下"指评估者借助分解式、实物演示等方法帮助学生完成评估。

20.三级目标2.5.1和2.5.2中，"在提示下"指评估者通过读题、摆实物、画圆圈等提示帮助学生完成评估。

（二）图形与几何

1.三级目标1.1.1中，要求学生根据评估者指令，以自己为中心，用手正确指出上下、前后、左右的方位。"标记提示"指可以在右臂上系一条丝带做标记，提示学生此边为右，帮助学生完成评估。

2.三级目标1.1.2中,要求学生以某一物体作为中心,说出或指出物体的上下、前后、左右各是什么。

3.三级目标1.2.1中,要求学生观察材料中几何图形,说出或者比划出立体图形的名称。如果学生不能独立说出,评估者可以用语言或手势等方式提示立体图形名称中的关键字,帮助学生完成评估。

4.三级目标1.2.2中,项目7先让学生用几何积木滚一滚、堆一堆、摸一摸、搭一搭,再说出或者用手比划出各个几何体的主要特征。如果不能正确说出,就用项目8评估,评估者用语言提示,如:拿出圆圆的,可以滚动的几何体。正确拿出即为在提示下通过。

(三)统计与概率领域

1.三级目标1.1.1中,"给定标准"指评估者给出一个分类标准(颜色或者形状),让学生进行分类,比如:请你按颜色把树叶分在三个篮子里。"在提示下"指学生不能独立完成时,评估者可以用语言引导学生观察树叶的颜色,如:这些树叶有哪些颜色?请你把绿色树叶放在一个篮子里。还可以在篮子的下方标上颜色,提示学生把相同颜色的树叶放在这里,帮助学生完成评估。

2. 三级目标1.1.2中,"给出的两个标准"指的是颜色和形状,学生任选其中一个即可。"在提示下"所指引导方式同1.1.1。

3. 三级目标1.1.3中,"自己选定标准"要求学生根据所给物品特点,自己选一个标准进行分类,标准不定,合理即可。"在提示下"是指用语言、动作等方式提示,先帮助学生确定一个分类标准,如:牙刷是用来干什么的?橡皮呢?它们的用途不同。再引导学生分类完成评估。

数与代数领域

姓名：_____　年级：_____　评估者：_____　评估日期：_____

评估项目			评估内容/方法	评估记录	评估结果与分析		结论与建议
一级目标	二级目标	三级目标	序号 项目		得分	分析	
1 能认识20以内的数	1.1 能在具体情境中理解20以内数的意义	1.1.1 能数出/比划出（说出）具体情境中10以内物体的个数	1　数出（说出/比划出）10以内物体的个数	1-1 看图回答问题（见材料一）			
				1-2 数出圆圈里物体的个数（见材料二）			
			2　在提示下数出（说出/比划出）10以内物体的个数	2-1 看图回答问题（见材料一）			
				2-2 数出圆圈里物体的个数（见材料二）（动作/语言等提示）			

（续表）

一级目标	二级目标	三级目标	评估项目		评估内容/方法	评估记录	评估结果与分析		结论与建议
			序号	项目			得分	分析	
		1.1.2 能与10以内的数相对应拿出物体	3	拿出与10以内的数相对应的物体	3-1 按要求拿小棒（准备：小棒）（如：拿出8根小棒）				
			4	在提示下拿出与10以内的数相对应的物体	4-1 按要求拿小棒（准备：小棒）（如：拿出8根小棒）（动作/语言等提示）				
		1.1.3 能数出(说出/比划出)具体情境中与11~20相对应的物体的个数	5	数出(说出/比划出)具体情境中与数字11~20相对应的物体的个数	5-1 看图回答问题（见材料三）				
			6	在提示下数出(说出/比划出)具体情境中与数字11~20相对应的物体的个数	6-1 看图回答问题（见材料三）（语言/动作等提示）				

（续表）

一级目标	二级目标	三级目标	评估项目		评估内容/方法	评估记录	评估结果与分析		结论与建议
			序号	项目			得分	分析	
		1.1.4 能拿出11~20相对应的物体	7	拿出与数字11~20相对应的物体	7-1 拿出与数字相对应的小棒（准备：小棒）（如：拿出14根小棒）				
			8	在提示下拿出与数字11~20相对应的物体	8-1 拿出与数字相对应的小棒（准备：小棒）（如：拿出14根小棒）（语言/动作等提示）				
	1.2 能认、读、写20以内的数	1.2.1 能认读10以内的数	9	认读10以内的数	9-1 读出卡片上的数字（准备：1~10的数字卡片）				
			10	在提示下按顺序认读10以内的数	10-1 读出卡片上的数字（准备：1~10的数字卡片）（语言/动作等提示）				

(续表)

一级目标	二级目标	三级目标	序号	评估项目 项目	评估内容/方法	评估记录	评估结果与分析 得分	分析	结论与建议
		1.2.2 能认读11~20各数	11	认读11~20各数	11-1 读出卡片上的数字（准备：11~20的数字卡片，随机出示）				
			12	在提示下按顺序认读11~20各数	12-1 读出卡片上的数字（准备：11~20的数字卡片）（语言/动作等提示）				
		1.2.3 能写出10以内的数	13	听写出10以内的数字	13-1 在日字格中听写数字（准备：日格本）				
			14	在提示下写出10以内的数字	14-1 写数字（准备：描红日字格）（数字示范/动作提示）				

(续表)

一级目标	二级目标	三级目标	评估项目		评估内容/方法	评估记录	评估结果与分析		结论与建议
			序号	项目			得分	分析	
		1.2.4 能写出11~20各数	15	听写出11~20各数	15-1 在日字格中听写数字（准备：日字格）				
	1.3 能用20以内的数表示物体的个数或事物的顺序和位置	1.3.1 能用10以内的数表示物体的个数	16	在提示下写出11~20各数	16-1 写数字（数字示范/动作提示）				
			17	写出与物体个数对应的数（10个以内）	17-1 数出图中动物的个数，再填数（见材料四）				
					17-2 写出圆圈里物体的个数（见材料二）				

67

（续表）

一级目标	二级目标	三级目标	评估项目		评估内容/方法	评估记录	评估结果与分析		结论与建议
			序号	项目			得分	分析	
		1.3.2 能用11~20的数表示物体的个数	18	在提示下找出/写出与物体个数对应的数（10个以内）	18-1 数出图中动物的个数，再填数（见材料四）				
					18-2 写出圆圈里物体的个数（见材料二）（准备：数字卡片）（语言/动作提示）				
			19	找出/写出11~20个物体对应的数	19-1 数出物体的个数，再写出数字（准备：糖果/小棒等）				
					19-2 看图写数（见材料五）				

（续表）

一级目标	二级目标	评估项目		评估内容/方法	评估记录	评估结果与分析		结论与建议
		三级目标	序号			得分	分析	
		1.3.3 在提示下找出/写出11~20个物体对应的数	20	20-1 数出物体的个数，再写出数字（准备：糖果/小棒等）				
				20-2 看图写数（见材料五）（准备：数字卡片）				
		能用10以内的数表示物体的顺序和位置	21	21-1 说出**同学在什么位置（如：小明做早操站在队伍的第几位）（语言/动作提示）				
				21-2 看图回答问题（见材料六）				

（续表）

一级目标	二级目标	评估项目		评估内容/方法	评估记录	评估结果与分析[4]		结论与建议
		序号	项目			得分	分析	
	1.3.4 能用11～20之间的数表示事物的顺序和位置	22	在提示下用10以内的数按指定方向说出/比划出物体的顺序	22-1 说出**同学在什么位置（如：小明做早操站在队伍的第几位）				
				22-2 看图回答问题（见材料六）（视觉/语言提示）				
		23	用11～20之间的数说出/比划出物体的顺序和位置	23-1 说出**同学在什么位置（如：小明做早操站在队伍的第几位）				
				23-2 看图回答问题（见材料七）				

（续表）

一级目标	二级目标	三级目标	评估项目		评估内容/方法	评估记录	评估结果与分析		结论与建议
			序号	项目			得分	分析	
			24	在提示下用11~20之间的数按指定方向说出/比划出物体的顺序	24-1 说出**同学在什么位置（如：小明做早操站在队伍的第几位）				
					24-2 看图回答问题（见材料七）（视觉/语言提示）				
	1.4 理解符号<、=、>的含义，能用符号和词语描述20以内数的大小	1.4.1 会比较物体的多少、长短、高矮、轻重	25	说出/比划出具体情境中物体之间的多少、长短、高矮、轻重的关系	25-1 看图回答问题（见材料八）				
			26	在提示下说出/比划出具体情境中物体之间的多少、长短、高矮、轻重的关系	26-1 看图回答问题（见材料八）（画辅助线/语言等提示）				

（续表）

一级目标	二级目标	三级目标	评估项目		评估内容/方法	评估记录	评估结果与分析		结论与建议
			序号	项目			得分	分析	
		1.4.2 能说出符号<、=、>的含义	27	说出/比划出符号<、=、>的意思	27-1 回答问题（如：4>3 表示什么意思，2<9 表示什么意思，5=5 表示什么意思）				
			28	在提示下说出/比划出符号<、=、>的意思	28-1 回答问题（如：4>3 表示什么意思，2<9 表示什么意思，5=5 表示什么意思）（语言/动作等提示）				
		1.4.3 能认读符号<、=、>	29	独立认读符号<、=、>	29-1 说出"<"、"="、">"的名称				
			30	在提示下认读符号<、=、>	30-1 说出"<"、"="、">"的名称（手势/口型等提示）				

（续表）

一级目标	二级目标	三级目标	序号	评估项目 项目	评估内容/方法	评估记录	评估结果与分析 得分	评估结果与分析 分析	结论与建议
		1.4.4 能写出符号 <、=、>	31	写出符号 <、=、>	31-1 听写大于号、小于号、等于号（准备：日格本）				
			32	在提示下写出符号 <、=、>	32-1 听写大于号、小于号、等于号（准备：描红日格本）（手势/语言等提示）				
		1.4.5 能比较 10 以内数的大小	33	用 <、=、> 表示 10 以内两个数之间的大小关系	33-1 在 ○ 里填 ">"、"<" 或 "="（见材料九）				
			34	在提示下说出 10 以内两个数之间的大小关系	34-1 在 ○ 里填 ">"、"<" 或 "="（见材料九）（操作提示，出示一一对应图）				

73

(续表)

一级目标	二级目标	三级目标	评估项目		评估记录	评估结果与分析		结论与建议
			序号	项目		得分	分析	
		1.4.6 能比较11～20之间两个数的大小	35	用<、=、>表示11～20之间两个数的大小关系	35-1 在○里填">""<"或"="（见材料十）			
			36	在提示下说出11～20之间两个数的大小关系	36-1 在○里填">""<"或"="（见材料十）（操作提示，出示一一对应图）			
2 能运算20以内的数	2.1 会10以内数的"分"与"合"	2.1.1 能说出/比划出"分"与"合"的含义	37	在具体情境中，说出/划出"分"与"合"的意思	37-1 评估者实物操作，学生回答问题（准备：小棒）（如：评估者把2根小棒分到两个铅笔盒里，问：是分还是合？）			

74

（续表）

一级目标	二级目标	三级目标	评估项目		评估内容/方法	评估记录	评估结果与分析		结论与建议
			序号	项目			得分	分析	
		2.1.2 能说出/比划出/写出10以内数的"分"与"合"	38	在提示下说出/比划出"分"与"合"的意思	38-1 评估者实物操作，学生回答问题（如：评估者把2根小棒分到两个铅笔盒里，问：是分还是合？）（语言/动作等提示）				
			39	写出/说出/比划出10以内数的"分"与"合"	39-1 回答问题（如：3可以分成几和几？4和5合成几？）				
			40	填写出10以内数的"分"与"合"	40-1 在方框里填上合适的数（见材料十一）				

(续表)

一级目标	二级目标	三级目标	评估项目		评估记录	评估结果与分析		结论与建议
			序号	项目 / 评估内容 / 方法		得分	分析	
	2.2 能在具体情境中理解加法和减法的意义	2.2.1 能说出/比划出10以内数的"分"与"合"	41	在提示下写出/说出/比划出10以内数的"分"与"合" 41-1 在方框里填上合适的数（见材料一）（实物/语言等提示）				
		2.2.1 结合具体情境说出/比划出加法的含义	42	结合具体情境说出/比划出加法的含义 42-1 评估者实物操作，学生回答问题（如：评估者某桌子上有2根小棒，又拿来了3根，一共有5根，用什么方法计算，用什么符号呢，可以怎样列式？）				

76

（续表）

一级目标	二级目标	三级目标	评估项目		评估记录	评估结果与分析		结论与建议
			序号	评估内容/方法		得分	分析	
		2.2.2 能说出/比划出加减法的意义	43	在提示下说出/比划出加法的含义	43-1 评估者实物操作，学生回答问题（如：评估者桌子上有2根小棒，又拿来了3根，一共有5根，用什么方法计算，用什么符号呢，可以怎样列式？）（语言/动作等提示）			
			44	结合具体情境说出/比划出减法的含义	44-1 评估者实物操作，学生回答问题（如：评估者从3根小棒拿出1根小棒还剩下2根小棒，用什么方法计算，用什么符号呢？可以怎样列式？）			

(续表)

一级目标	二级目标	三级目标	评估项目		评估内容/方法	评估记录	评估结果与分析		结论与建议
			序号	项目			得分	分析	
			45	在提示下说出/比划出减法的含义	45-1 评估者实物操作，学生回答问题（如评估者：从3根小棒拿出1根，小棒还剩下2根小棒，用什么方法计算，用什么符号呢？可以怎样列式？）（语言/动作等提示）				
		2.2.3 知道 11~20 各数的组成	46	说出/比划出 11~20 各数的组成	46-1 回答问题（如：（ ）个十和（ ）个一合起来是 11；15 是由（ ）个十和（ ）个一组成的；一组的 2 个十是 20）				

78

（续表）

一级目标	二级目标	三级目标	评估项目		评估内容/方法	评估记录	评估结果与分析		结论与建议
			序号	项目			得分	分析	
			47	在提示下说出/比划出 11~20 各数的组成	47-1 回答问题（如：（ ）个十和（ ）个一合起来是 11；15 是由（ ）个十和（ ）个一组成的；（ ）个十是 20。（用小棒/计数器提示）				
	2.3 能熟练口算 20 以内的加减法	2.3.1 能熟练口算 10 以内的加法	48	熟练口算 10 以内的加法题目	48-1 算一算（见材料十二）				
			49	正确口算 10 以内的加法题目	49-1 算一算（见材料十二）				

79

（续表）

一级目标	二级目标	三级目标	评估项目		评估内容/方法	评估记录	评估结果与分析		结论与建议
			序号	项目			得分	分析	
		2.3.2 能熟练口算10以内的减法	50	在提示下口算10以内的加法题目	50-1 算一算（见材料十二）（图片/实物/语言等提示）				
			51	熟练口算10以内的减法题目	51-1 算一算（见材料十三）				
			52	正确口算10以内的减法题目	52-1 算一算（见材料十三）				
			53	在提示下口算10以内的减法题目	53-1 算一算（见材料十三）（图片/实物/语言等提示）				

(续表)

一级目标	二级目标	三级目标	评估项目		评估内容/方法	评估记录	评估结果与分析		结论与建议
			序号	项目			得分	分析	
		2.3.3 能熟练口算10以内的加减混合运算	54	熟练口算10以内的加减混合题目	54-1 算一算（见材料十四）				
			55	正确口算10以内的加减混合题目	55-1 算一算（见材料十四）				
			56	在提示下口算10以内加减混合题目	56-1 算一算（见材料十四）（图片/实物/语言等提示）				
		2.3.4 能熟练口算20以内的加法	57	熟练计算20以内进位加法的题目	57-1 算一算（见材料十五）（熟练程度：3~4题/分）				

81

（续表）

一级目标	二级目标	三级目标	评估项目		评估内容/方法	评估记录	评估结果与分析		结论与建议
			序号	项目			得分	分析	
	2.4 能交流自己的算法	2.4.1 能交流20以内的加法的计算过程	58	正确口算20以内进位加法的题目	58-1 算一算（见材料十五）				
			59	在提示下口算20以内进位加法的题目	59-1 算一算（见材料十五）（图片/实物/语言等提示）				
			60	说出/比划出运用"凑十法"计算的过程	60-1 回答问题（如：你能用凑十法说出9+7是如何计算的吗？）				
			61	借助分解式/学具说出/比划出运用"凑十法"计算的过程	61-1 回答问题（如：你能用凑十法说出9+7是如何计算的吗？（分解式/学具等提示）				

（续表）

评估项目			评估内容/方法	评估记录	评估结果与分析		结论与建议
一级目标	二级目标	三级目标	序号	项目		得分	分析	
	2.5 能用20以内加减法解决生活中简单的问题	2.5.1 能根据图意/题意，用20以内的加法来解答实际问题	62	根据情境图说出/比划出图意，并用20以内的加法解答问题	62-1 看图说图意，填空并列式计算（见材料十六）			
			63	在提示下根据情境图说出/比划图意，并用20以内的加法解答问题	63-1 看图说图意，填空并列式计算（见材料十六）（语言/实物操作演示等提示）			
		2.5.2 能根据图意/题意，用20以内的减法来解答实际问题	64	根据情境图说出/比划出图意，并用20以内的减法解答问题	64-1 看图说图意，再列式计算（见材料十七）			
			65	在提示下根据情境图说出/比划出图意，并用20以内的减法解答问题	65-1 看图说图意，再列式计算（见材料十七）（语言/实物操作演示等提示）			

图形与几何领域

姓名：_____　年级：_____　评估者：_____　评估日期：_____

一级目标	二级目标	三级目标	评估项目		评估内容/方法	评估记录	评估结果与分析		结论与建议
			序号	项目			得分	分析	
1 认识图形与位置	1.1 会用上、下、左、右、前、后描述物体的相对位置	1.1.1 能辨认上、下、前、后、左、右的方位	1	以自己身体为中心，指出上、下、前、后、左、右位置	1-1 根据指令指出方位（如：用手指出你的上面）				
			2	在提示下以自己身体为中心，指出上、下、前、后、左、右位置	2-1 根据指令指出方位（如：用手指出你的上面）（语言/动作/标记等提示）				
		1.1.2 能辨认物体间上、下、前、后、左、右的位置关系	3	说出/指出某一物体上、下、前、后、左、右的位置	3-1 说出/指出熊猫的下面是什么，黑马的左边是什么（见材料一）				
					3-2 说出/指出狗的前面是什么，熊猫的后面是什么（见材料一）				

（续表）

一级目标	二级目标	三级目标	评估项目		评估内容/方法	评估记录	评估结果与分析		结论与建议
			序号	项目			得分	分析	
			4	在提示下说出/指出某一物体上、下、前、后、左、右的位置	4-1 说出/指出熊猫的下面是什么，黑马的左边是什么（见材料一）				
					4-2 说出/指出狗的面前是什么，熊猫的后面是什么（见材料一）				
	1.2 能通过实物模型和辨认长方体、正方体、圆柱和球等几何体	1.2.1 能说出/比划出长方体、正方体、圆柱和球等几何体的名称	5	说出/比划出长方体、正方体、圆柱和球等几何体的名称	5-1 说出立体图形的名称（见材料二）				
			6	在提示下说出/比划出长方体、正方体、圆柱和球等几何体的名称	6-1 说出立体图形的名称（见材料二）（语言/手势提示）				

（续表）

一级目标	二级目标	三级目标	评估项目		评估内容/方法	评估记录	评估结果与分析		结论与建议
			序号	项目			得分	分析	
		1.2.2 在具体情境中，区分出长方体、正方体、圆柱和球	7	说出/比划出情境中长方体、正方体、圆柱和球的特征	7-1 说一说长方体、正方体、圆柱和球的特征（准备：积木）				
			8	在提示下找出具体情境中指定的几何体	8-1 根据要求（物体特征），拿出相应物体（准备：积木）（语言/动作提示）				

统计与概率领域

姓名：_____ 年级：_____ 评估者：_____ 评估日期：_____

一级目标	二级目标	三级目标	评估项目		评估内容/方法	评估记录	评估结果与分析		结论与建议
			序号	项目			得分	分析	
1 分类	1.1 能根据数据的标准进行分类，感受分类与事物的关系	1.1.1 能按给定标准对具体情境中的事物分类	1	按给定标准对具体情境中的事物分类	1-1 按颜色或形状把树叶分在3个筐里，用线连一连（见材料一）				
			2	在提示下按给定标准对具体情境中的事物分类	2-1 按颜色或形状把树叶分在3个筐里，用线连一连（见材料一）（语言/图片等提示）				
		1.1.2 能在给出的两个标准中选用一种标准对具体情境中的事物分类	3	在两个标准中选用其中一个标准对具体情境中的事物分类	3-1 按照颜色或者有无把手的标准，把杯子分在两个盘子里，用线连一连（见材料二）				
			4	在提示下在两个标准中选用其中一个标准对具体情境中的事物分类	4-1 按照颜色或者有无把手的标准，把杯子分在两个盘子里，用线连一连（见材料二）（语言/图片等提示）				

（续表）

一级目标	二级目标	三级目标	评估项目		评估内容/方法	评估记录	评估结果与分析		结论与建议
			序号	项目			得分	分析	
		1.1.3 能按自己选定标准对具体情境中的事物分类	5	按自己选定标准对具体情境中的事物分类	5-1 整理物品（准备：4~5样生活用品，4~5样学习用品）（如：请你给这些物品分类，并说出分类标准）				
			6	在提示下按自己选定标准对具体情境中的事物分类	6-1 整理物品（准备：4~5样生活用品，4~5样学习用品）（如：请你给这些物品分类，并说出分类标准）（语言/动作等提示）				

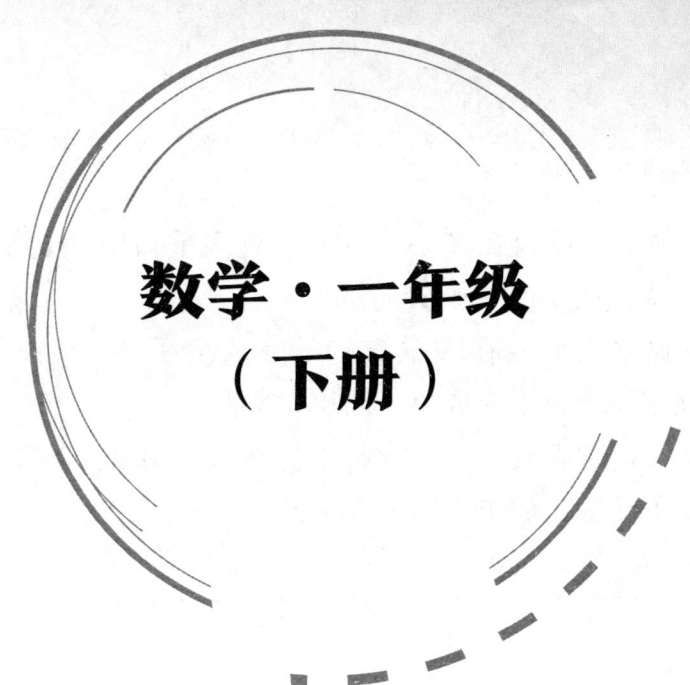

数学·一年级
（下册）

编写人员：

芮代琴　刘加芳　刘　婷　吴振兰　赵　敏　宋晓杰
翁丽丽　李月月　茅　成

学　　校：_____　　年　　级：_____
姓　　名：_____　　出生日期：_____
评 估 者：_____　　评估时间：_____

评估标准：

　　3 分：独立完成单一知识 / 技能；或独立完成多重知识 / 技能 100%。

　　2 分：独立完成或在单一支持下完成多重知识 / 技能 60% 及以上；或在单一支持下完成单一知识 / 技能。

　　1 分：独立完成或在多重支持下完成多重知识 / 技能 20%～60% 以内；或在多重支持下完成单一知识 / 技能。

　　0 分：独立完成或在多重支持下完成多重知识 / 技能 20% 以下；或在多重支持下无法完成单一知识 / 技能。

使用指南

一、设计思路

一年级下册数学课程评估手册共分为数与代数、图形与几何两个领域，每个领域的目标由一级目标、二级目标和三级目标组成，每个三级目标下设置评估项目。共计2个领域、5个一级目标、13个二级目标、37个三级目标、79个评估项目。数与代数领域一级目标4个，二级目标12个，三级目标35个，评估项目75项；图形与几何领域一级目标1个，二级目标1个，三级目标2个，评估项目4项。一级目标、二级目标均来自普通小学义务教育第一学段（1～3年级）数学课程标准，三级目标是结合现行一年级下册数学教材对二级目标分解而来。每个三级目标下设计有2～3个评估项目，同一个三级目标下的评估项目是按照由独立到提示或由难到易排列的。

例如：三级目标"1.1.1能数出（说出/比划出）具体情境中100以内物体的个数"下，有两个评估项目，"1.数出（说出/比划出）100以内物体的个数"，这是评估学生能否独立数出100以内物体的个数，能数对多少；"2.在提示下数出（说出/比划出）100以内物体的个数"，这是评估学生在不能独立数出时，在语言、动作等提示下，能数出100以内物体的个数，能数对多少。每个评估项目后都列出了评估内容与方法，说明了评估什么、用什么评估、怎么评估。

二、操作方法

评估时，评估者先从第一个评估项目开始，如果被评估的学生在该评估项目上全部通过，直接跳到下一个三级目标的评估项目"1"继续评估，以此类推。对通过的项目在评估手册的"评估记录"栏中记录评估结果，例如："数出100以内物体的个数"，评估材料中要求学生数出10份小棒的根数，如果学生能独立全部数对，就根据评分标准在"评估结果与分析"得分栏中记3分，分析栏中说明该生已经100%掌握100以内数数的方法，学习目标已达成，该生可以进行后续目标与单元知识的学习；如果学生能独立数对6个，正确率60%，根据评分标准在"评估结果与分析"得分栏中记2分（如果学生只能独立数出3个，正确率33%，只记1分；正确率低于20%，记0分），分析栏中说明该生未能全部数出，只能独立数出60%，剩余的40%不能独立数出，建议在提示下再评估。

如果被评估的学生在评估项目1（独立完成项目）没有全部通过，就进入评估项目2（提示下完成项目）继续评估未通过的评估内容。如果在单一提示下完成，记2分；如果在两种或两种以上提示下完成，记1分；如果在多重提示下仍然无法完成，记0分，并在评估材料中逐题标注评估结果。将处于最近发展区的2分项和1分项分别汇总，填写在评估手册的"评估结果与分析"栏中，并做分析。2分项和1分项是学生可接近性学习目标，从中优先选择迫切需要学习的项目，作为下一阶段的学习目标，填写在"结论与建议"中。

三、评估例举

（一）数与代数领域

1.三级目标1.1.1中，"说出/比划出"指学生通过自己的语言或者动作比划出100以内物体的个数。"在提示下"指可以通过评估者语言指导或摆手势等方法提示帮助学生完成评估。

2.三级目标1.1.2中，"在提示下"指评估者把10根小棒捆成一捆或告知学生10根小棒可以捆成一捆，并语言提示，如：这样的一捆是十，两捆就是几十？

3.三级目标1.2.1中，"在提示下"指评估者出示按照顺序排列的数字，通过语言或手势等提示让学生读出数字完成评估。

4.三级目标1.2.2中，"在提示下"指评估者写出对应的数字或出示数字对应的图片，或者针对空间知觉有障碍的学生，出示对应的镜面数字，帮助学生完成评估。

5.三级目标1.3.1中，要求学生借助小棒或计数器，演示39添上1的过程，如果有困难，评估者就用语言或者动作提示，帮助学生完成评估。

6.三级目标1.3.2中，"计数器等提示"指把数字摆在实物计数器或图片计数器的数位上做提示，帮助学生完成评估。

7.三级目标1.3.3中，"小棒/计数器等提示"指让学生用小棒摆出或在计数器上拨出这个数，引导说出数的组成，帮助学生完成评估。如：37，请学生拿出3捆小棒和7根小棒，语言提示：3捆就是几个十，7根就是几个一？

8.三级目标1.4.1中，"语言等提示"，如：两个数的数位不同怎么比？数位相同怎么比？十位上的数相同又怎么比？

9.三级目标1.4.2中，"实物/语言/动作等提示"指用实物、语言或动作等方式，提示帮助学生完成评估。实物提示如：用摆小棒、糖果、计数器等完成100以内数的大小比较。语言提示如：开口大的对着大的数，尖尖的部分对着小的数。动作提示如：用双手作出">"的形状，开口部分对着大的数。

10．三级目标2.1.1中分三个评估项目，要求学生正确口算出16个算式，如果能达到每分钟完成8～10题，则记录为"熟练口算"。"在提示下"指可以通过评估者实物演示计算过程或语言提示等方式，帮助学生完成评估。语言提示如：8+4=12，那12-4等于多少呢？

11．三级目标2.2.1和2.2.3中分三个评估项目，要求学生正确口算出16个算式，如果能达到每分钟完成3～4题，则记录为"熟练口算"。"在提示下"指可以通过评估者实物演示计算过程或语言提示等方式帮助学生完成评估。

12．三级目标2.2.5和2.2.7中，"熟练"指正确完成全部题目且能达到每分钟3～4题。

13．三级目标2.2.2、2.2.4、2.2.6和2.2.8中，"笔算"指用竖式进行计算，学生既要规范书写竖式，也要正确计算，并在横式后面写上得数，则为正确完成一道题目。"在提示下"指可以通过评估者手势、语言提示帮助学生完成评估。语言提示如：写竖式时要数位对齐，先从个位算起，再算十位。

14．三级目标2.3.1中，"在提示下"指评估者提供分解式，学生可以结合分解式说一说计算过程；还可以用小棒、画圆圈等方式提示帮助学生完成评估。

15．三级目标2.3.2和2.3.3中，加法计算过程不唯一，可以是先算个位6-0，再算十位8-4，也可以是先算80-40，再算40+6，算理正确即可。有语言障碍的学生还可以写出计算过程完成评估，如：先算_____，再算_____。

16．三级目标2.4.1和2.4.2要求学生根据题意列式估算出几十多，然后与第三个数进行比较，回答问题。"在提示下"指评估者语言提示或列竖式后语言提示，如：个位有没有满十？十位相加是几十多？帮助学生完成评估。

17．三级目标2.5.1和2.5.2要求学生看图说出图意，再列式计算，同时写上单位。"在提示下"指通过评估者实物或图片演示、语言提示帮助学生完成评估，语言提示如："求一共有多少"用什么方法来计算？

18．三级目标2.5.3和2.5.4中，"形式多样"指题目中的条件信息较多，学生需根据情境图说出题意并解答，要求学生既能正确列式，也能正确计算出结果。"在提示下"指可以通过评估者语言提示帮助学生完成评估，如：买两把枪要多少钱，就是求8和17合起来多少？怎么列式？

19．三级目标3.1.1中，评估者准备各种面值人民币（包括硬币和纸币），要求学生独立说出面值。如果学生回答有困难，评估者可以用语言或者动作等方式来提示，如：评估者指着人民币上的数字，请同学读出数字和单位，从而完成评估。

20.三级目标3.1.2中，"人民币提示"指评估者拿出以元、角、分为单位的人民币，请学生说说它们的单位各是什么。语言提示如：人民币5元的单位是什么等。

21.三级目标3.1.3中，"人民币提示"指评估者通过人民币或模具钱币演示帮助学生完成评估。语言提示如：1角1角的数，1元有几个1角。动作提示针对听障学生评估者可以采取手语表达的方式。

22.三级目标3.2.1中，评估者准备各种面值的人民币，让学生根据题目要求拿出指定数额的钱币，拿出方式不限，比如：1元2角，可以是1张1元和2张1角，也可以是12张1角等。

23.三级目标3.2.2中，要求学生根据题意列出加法算式，若学生不会列式，可以通过实物演示，帮助学生理解题意并列式计算；在计算有困难时，评估者可以通过算法提示、人民币演示等方式提示帮助学生完成评估。算法提示如：3加7等于多少；人民币演示指学生用人民币或者模具钱币摆一摆，数一数，从而算出结果。

24.三级目标4.1.1和4.1.2中，"在提示下"指评估者指着百数表中任意横排的数，问：横着看后面的数和前面的数有什么相同，有什么不同。如果学生仍有困难，还可以继续语言提示，如：后面一个数和前面一个数的十位上是怎样的，个位上有什么不同，从而帮助学生完成评估。"竖着看找规律"方法类似。

25.三级目标4.1.3中，"在提示下"是指评估者提供百数表，学生对照百数表完成评估。语言提示如：横着看，后面一个数比前面一个数多1；竖着看，下面一个数比上面一个数多十。动作提示指用手势比划意思帮助学生完成评估。

（二）图形与几何

1.三级目标1.1.1中，要求学生看材料正确说出/比划出平面图形的名称，学生回答有困难时，评估者可以用语言或手势等提示，帮助学生完成评估。语言提示如：可以提示图形名称中的关键字。

2.三级目标1.1.2中，第1题，教师准备好长方体、正方体、三棱柱、圆柱模型或者利用身边的几何物体，让学生在几何体或物体上找到指定的平面图形。第2题要求学生在实物图中找出长方形、正方形、三角形和圆。如果学生找图有困难时，评估者可以用语言、手势给予提示，或者出示准备好的长方形、正方形、三角形、圆形图片给予提示，帮助学生完成评估。

数与代数领域

姓名：_____　　年级：_____　　评估者：_____　　评估日期：_____

一级目标	二级目标	三级目标	评估项目		评估内容/方法	评估记录	评估结果与分析		结论与建议
			序号	项目			得分	分析	
1 能认识100以内的数	1.1 能在具体情境中理解100以内数的意义	1.1.1 能数出（说出/比划出）具体情境中100以内物体的个数	1	数出（说出/比划出）100以内物体的个数	1-1 数出教室里的人数				
			2	在提示下数出（说出/比划出）100以内物体的个数	2-1 数出教室里的人数（语言/动作提示）				
		1.1.2 能拿出与100以内的数相对应的物体	3	拿出与100以内的数相对应的物体	3-1 按要求拿小棒（准备：小棒）（如：拿出20根、59根、85根小棒）				
			4	在提示下拿出与100以内的数相对应的物体	4-1 按要求拿小棒（准备：小棒）（如：拿出20根、59根、85根小棒）（语言/动作提示）				

（续表）

一级目标	二级目标	三级目标	评估项目		评估内容/方法	评估记录	评估结果与分析		结论与建议
			序号	项目			得分	分析	
	1.2 能认、读、写100以内的数	1.2.1 能认读100以内的数	5	认读100以内的数	5-1 读出卡片上的数字（准备：数字卡片）				
			6	在提示下按顺序认读100以内的数	6-1 读出卡片上的数字（准备：数字卡片）（语言/动作等提示）				
		1.2.2 能写出100以内的数	7	写出100以内的数	7-1 听写数字				
					7-2 看图写数				
			8	在提示下写出100以内的数	8-1 写出数字（数字/动作/镜面提示）				

96

(续表)

一级目标	二级目标	三级目标	序号	评估项目 项目	评估内容/方法	评估记录	评估结果与分析		结论与建议
							得分	分析	
	1.3 能说出各数位的名称，理解数位上的数字表示的意义	1.3.1 能说出"满十进一"的计数过程	9	说出"满十进一"的计数过程	9-1 说出"满十进一"的计数过程				
			10	在提示下说出"满十进一"的计数过程	10-1 拨一拨，说一说（如：在计数器上操作，39添上1是多少？）				
		1.3.2 能说出"个位""十位""百位"的名称	11	说出"个位""十位""百位"的名称（结合具体数字）	11-1 说出以下数字中的"1"在什么数位上 （1）21 （2）17 （3）100				
			12	在提示下说出"个位""十位""百位"的名称（结合具体数字）	12-1 说出以下数字中的"1"在什么数位上 （1）21 （2）17 （3）100 （计数器提示）				

（续表）

一级目标	二级目标	三级目标	评估项目		评估记录	评估结果与分析		结论与建议
			序号	评估内容/方法		得分	分析	
		1.3.3 能说出100以内数的组成	13	说出100以内数的组成（结合具体数字）	13-1 回答问题（见材料一）				
			14	在提示下说出100以内数的组成（结合具体数字）	14-1 回答问题（见材料一）（小棒/计数器提示）				
	1.4 能用符号和词语描述100以内数的大小	1.4.1 能说出比较100以内数的大小的方法	15	说出比较100以内数的大小的方法（结合具体数字）	15-1 比较两个数的大小，说一说你是怎么比较的 （1）99和100 （2）56和32 （3）41和45				
			16	在提示下说出比较100以内数的大小的方法（结合具体数字）	16-1 比较两个数的大小，说一说你是怎么比较的 （1）99和100 （2）56和32 （3）41和45 （准备：计数器） （语言/动作提示）				

（续表）

评估项目			评估内容/方法	评估记录	评估结果与分析		结论与建议
一级目标	二级目标	三级目标			得分	分析	
		1.4.2 能比较100以内数的大小	17 用<、=、>表示100以内数的大小	17-1 在〇里填">""<""="（见材料二）				
				17-2 按从大到小的顺序排列数字（见材料二）				
			18 在提示下用<、=、>表示100以内数的大小	18-1 在〇里填">""<""="（见材料二）				
				18-2 按从大到小的顺序排列数字（见材料二）（实物/语言/动作提示）				
2. 能运算100以内的数	2.1 能熟练地口算20以内的减法	2.1.1 能口算20以内的退位减法	19 熟练口算20以内的退位减法题目	19-1 算一算（见材料三）			
			20 正确口算20以内的退位减法题目	20-1 算一算（见材料三）			

（续表）

一级目标	二级目标	三级目标	评估项目		评估内容/方法	评估记录	评估结果与分析		结论与建议
			序号	项目			得分	分析	
	2.2 能计算100以内的加减法	2.2.1 能口算100以内的不进位加法	21	在提示下口算20以内的退位减法题目	21-1 算一算（见材料三）（图片/实物/语言等提示）				
			22	熟练口算100以内的不进位加法题目	22-1 算一算（见材料四）				
			23	正确口算100以内的不进位加法题目	23-1 算一算（见材料四）				
			24	在提示下口算100以内的不进位加法题目	24-1 算一算（见材料四）（图片/实物/语言等提示）				
		2.2.2 能笔算100以内的不进位加法	25	用竖式计算100以内的不进位加法题目	25-1 用竖式计算（见材料五）				
			26	在提示下用竖式计算100以内的不进位加法题目	26-1 用竖式计算（见材料五）（语言/动作等提示）				

（续表）

一级目标	二级目标	三级目标	评估项目		评估内容/方法	评估记录	评估结果与分析		结论与建议
			序号	项目			得分	分析	
		2.2.3 能口算100以内的不退位减法	27	熟练口算100以内的不退位减法题目	27-1算一算（见材料六）				
			28	正确口算100以内的不退位减法题目	28-1算一算（见材料六）				
			29	在提示下口算100以内的不退位减法题目	29-1算一算（见材料六）（图片/实物/语言等提示）				
		2.2.4 能笔算100以内的不退位减法	30	正确用竖式计算100以内的不退位减法题目	30-1用竖式计算（见材料七）				
			31	在提示下正确用竖式计算100以内的不退位减法题目	31-1用竖式计算（见材料七）（语言/动作等提示）				

（续表）

一级目标	二级目标	三级目标	序号	评估项目 项目	评估内容/方法	评估记录	评估结果与分析		结论与建议
							得分	分析	
		2.2.5 能口算100以内的进位加法	32	熟练口算100以内的进位加法题目	32-1 算一算（见材料八）				
			33	正确口算100以内的进位加法题目	33-1 算一算（见材料八）				
			34	在提示下口算100以内的不退位减法题目	34-1 算一算（见材料八）（图片/实物/语言等提示）				
		2.2.6 能笔算100以内的进位加法	35	正确用竖式计算100以内的进位加法题目	35-1 用竖式计算（见材料九）				
			36	在提示下用竖式计算100以内的进位加法题目	36-1 用竖式计算（见材料九）（语言/动作等提示）				

（续表）

一级目标	二级目标	三级目标	评估项目		评估内容/方法	评估记录	评估结果与分析		结论与建议
			序号	项目			得分	分析	
		2.2.7 能口算100以内的退位减法	37	熟练口算100以内的退位减法题目	37-1 算一算（见材料十）				
			38	正确口算100以内的退位减法题目	38-1 算一算（见材料十）				
			39	在提示下口算100以内的退位减法题目	39-1 算一算（见材料十）（图片/实物/语言等提示）				
		2.2.8 能笔算100以内的退位减法	40	正确用竖式计算100以内的退位减法题目	40-1 用竖式计算（见材料十一）				
			41	在提示下用竖式计算100以内的退位减法题目	41-1 用竖式计算（见材料十一）（语言/动作等提示）				

（续表）

一级目标	二级目标	三级目标	评估项目		评估内容/方法	评估记录	评估结果与分析		结论与建议
			序号	项目			得分	分析	
	2.3 能交流自己的算法	2.3.1 能说出/比划出/写出20以内的减法的计算过程	42	结合算式说出/比划出/写出运用"破十法"或"想加算减"等方法计算的过程	42-1 回答问题（见材料十二）				
			43	在提示下结合算式说出/比划出/写出运用"破十法"或"想加算减"等方法计算的过程	43-1 回答问题（见材料十二）（分解式/学具等提示）				
		2.3.2 能说出/比划出/写出100以内的加法计算过程	44	结合算式说出/比划出/写出100以内的加法的计算过程	44-1 回答问题（见材料十三）				
			45	在提示下结合算式说出/比划出/写出100以内的加法计算过程	45-1 回答问题（见材料十三）（语言/动作等提示）				

（续表）

<table>
<tr><th colspan="2">评估项目</th><th rowspan="2">序号</th><th rowspan="2">项目</th><th rowspan="2">评估内容/方法</th><th rowspan="2">评估记录</th><th colspan="2">评估结果与分析</th><th rowspan="2">结论与建议</th></tr>
<tr><th>一级目标</th><th>二级目标</th><th>三级目标</th></tr>
<tr><td rowspan="4"></td><td rowspan="4">2.4 能结合具体情境，选择适当的单位进行简单估算</td><td rowspan="2">2.3.3 能说出/比划/写出100以内的减法计算过程</td><td>46</td><td>结合算式说出/比划出/写出100以内的减法的计算过程</td><td>46-1 回答问题（见材料十四）</td><td></td><td></td><td></td><td></td></tr>
<tr><td>47</td><td>在提示下结合算式说出/比划出/写出100以内的减法的计算过程</td><td>47-1 回答问题（见材料十四）（语言/学具等提示）</td><td></td><td></td><td></td><td></td></tr>
<tr><td rowspan="2">2.4.1 能估算出100以内两位数或两位数加一位数的结果是几十多</td><td>48</td><td>估算出具体情境中的结果是几十多</td><td>48-1 估一估，算一算（见材料十五）</td><td></td><td></td><td></td><td></td></tr>
<tr><td>49</td><td>在提示下估算出具体情境中的结果是几十多</td><td>49-1 估一估，算一算（见材料十五）（语言/竖式等提示）</td><td></td><td></td><td></td><td></td></tr>
<tr><td colspan="5"></td><td colspan="2">得分　分析</td><td></td></tr>
</table>

（续表）

评估项目				评估记录	评估结果与分析		结论与建议
一级目标	二级目标	三级目标	序号	项目	评估内容/方法			得分	分析	
	2.5 能用100以内加减法来解决生活中的实际问题，并能对结果的实际意义做出解释	2.4.2 能估算出100以内两位数或一位数加减的结果是几十多	50	估算出具体情境中的结果是几十多	50-1 估一估、算一算（见材料十六）		
			51	在提示下估算出具体情境中结果是几十多	51-1 估一估、算一算（见材料十六）（语言/竖式等提示）		
		2.5.1 能根据图意/题意，用100以内的加法来解答简单问题	52	根据情境图说出/比划出图意，并用100以内的加法解答实际问题	52-1 看图列式计算（见材料十七）		
			53	在提示下根据情境图说出/比划出图意，并用100以内的加法解答实际问题	53-1 看图列式计算（见材料十七）（语言/实物操作演示等提示）		

（续表）

一级目标	二级目标	评估项目		评估内容/方法	评估记录	评估结果与分析		结论与建议
		序号	项目			得分	分析	
	2.5.2 能根据图意/题意，用100以内的减法来解答简单问题	54	根据情境图说出/比划出图意，并用100以内的减法解答实际问题	54-1 看图列式计算（见材料十八）				
		55	在提示下根据情境图说出/比划出题意，并用100以内的减法解答实际问题	55-1 看图列式计算（见材料十八）（语言/实物操作演示等提示）				
	2.5.3 能根据图意/题意，用100以内的加法形式多样地解答实际问题	56	根据情境图说出/比划出题意，并用100以内的加法解答形式多样的实际问题	56-1 看图说题意，并列式计算（见材料十九）				
		57	在提示下根据情境图说出/比划出题意，并用100以内的加法解答形式多样的实际问题	57-1 看图说题意，并列式计算（见材料十九）（语言/实物操作演示等提示）				

(续表)

一级目标	二级目标	三级目标	评估项目		评估内容/方法	评估记录	评估结果与分析		结论与建议
			序号	项目			得分	分析	
		2.5.4 能根据情境图说出/比划出题意，用100以内的减法来解答形式多样的实际问题	58	根据情境图说出/比划出题意，并用100以内的减法解答形式多样的实际问题	58-1 看图说题意，并列式计算（见材料二十）				
			59	在提示下根据情境图说出/比划出题意，并用100以内的减法解答形式多样的实际问题	59-1 看图说题意，并列式计算（见材料二十）（语言/实物操作演示等提示）				
3 认识常见的量	3.1 在现实情境中，认识元、角、分，并了解它们之间的关系	3.1.1 在现实情境中认识各种面值的人民币	60	找出指定面值的钱币	60-1 说出/指出人民币的面值（准备：人民币）				
			61	在提示下找出不同面值的人民币	61-1 说出/指出人民币的面值（准备：人民币）（语言/动作等提示）				

（续表）

一级目标	二级目标	三级目标	评估项目		评估内容/方法	评估记录	评估结果与分析		结论与建议
			序号	项目			得分	分析	
		3.1.2 能说出人民币的单位	62	说出/比划出人民币的单位	62-1 人民币的单位有哪些				
			63	在提示下说出/比划出人民币的单位	63-1 人民币的单位有哪些（准备：人民币）（语言/动作等提示）				
		3.1.3 能说出元、角、分之间的进率关系	64	说出/比划出元、角、分之间的进率	64-1 回答问题（见材料二十一）				
			65	在提示下能说出/比划出元、角、分之间的进率	65-1 回答问题（见材料二十一）（准备：人民币）（语言/动作等提示）				

(续表)

一级目标	二级目标	三级目标	评估项目		评估内容/方法	评估记录	评估结果与分析		结论与建议
			序号	项目			得分	分析	
	3.2 能结合生活实际，理解并简单解决的购物问题	3.2.1 能找出对应的人民币进行组合	66	拿出对应的人民币进行组合	66-1 拿出对应的人民币（见材料二十二）（准备：人民币）				
			67	在提示下拿出对应的人民币进行组合	67-1 拿出对应的人民币（见材料二十二）（准备：人民币）（语言/动作等提示）				
		3.2.2 能用加减法解决购物情景中常见问题	68	解决购物情景中的具体问题	68-1 列式计算，解决问题（见材料二十三）				
			69	在提示下解决购物情景中的具体问题	69-1 列式计算，解决问题（见材料二十三）（语言/人民币换算演示等提示）				

（续表）

评估项目				评估记录	评估结果与分析		结论与建议
一级目标	二级目标	三级目标	序号	项目	评估内容/方法			得分	分析	
4 探索规律	4.1 探索百数表中数的排列规律	4.1.1 横着看，说出/划出数的排列规律	70	结合百数表，说出/比划出数的排列规律	70-1 横着看，说出这些数是怎样排列的（见材料二十四）			
			71	结合百数表，在提示下说出/比划出数的排列规律	71-1 横着看，说出这些数是怎样排列的（见材料二十四）（语言/动作提示）			
		4.1.2 竖着看，说出/划出数的排列规律	72	结合百数表，说出/比划出数的排列规律	72-1 竖着看，说出这些数是怎样排列的（见材料二十四）			
			73	结合百数表，在提示下说出/比划出数的排列规律	73-1 竖着看，说出这些数是怎样排列的（见材料二十四）（语言/动作提示）			

（续表）

评估项目			评估内容/方法	评估记录	评估结果与分析		结论与建议
一级目标	二级目标	三级目标	序号	项目		得分	分析	
		4.1.3 利用百数表中数的排列规律解决问题	74	利用"横着看，后面一个数比前面一个数多1，竖着看，下面一个数比上面一个数多10"的规律，说出/写出相应的数	74-1 填空（见材料二十五）			
			75	利用"横着看，后面一个数比前面一个数多1，竖着看，下面一个数比上面一个数多10"的规律，在提示下说出/写出相应的数	75-1 填空（见材料二十五）（百数表/语言/动作提示）			

图形与几何领域

姓名：_____　年级：_____　评估者：_____　评估日期：_____

一级目标	二级目标	三级目标	评估项目		评估内容/方法	评估记录	评估结果与分析		结论与建议
			序号	项目			得分	分析	
1 认识图形	1.1 能辨认长方形、正方形、三角形和圆等简单图形	1.1.1 能说出/比划出长方形、正方形、三角形和圆的名称	1	说出/比划出长方形、正方形、三角形和圆的名称	1-1 说出下列图形的名称（见材料一）				
			2	在提示下说出/比划出长方形、正方形、三角形和圆的名称	2-1 说出下列图形的名称（见材料一）（语言/手势等提示）				

(续表)

一级目标	二级目标	三级目标	评估项目		评估内容/方法	评估记录	评估结果与分析		结论与建议
			序号	项目			得分	分析	
		1.1.2 在具体情境中，区分出长方形、正方形、三角形和圆	3	找出指定的平面图形	3-1 根据要求在立体图形中找出平面图形（见材料二）（准备：积木）				
					3-2 在下面图形中找出指定图形（见材料二）				

（续表）

一级目标	二级目标	三级目标	评估项目		评估内容/方法	评估记录	评估结果与分析		结论与建议
			序号	项目			得分	分析	
			4	在提示下找出指定的平面图形	4-1 根据要求，在几何体中找出平面图形（见材料二）（准备：积木）（语言/手势/图形等提示）				
					4-2 在下面图形中找出长方形、正方形、三角形和圆（见材料二）（语言/手势/图形等提示）				

目 录

语文·一年级（上册）
识字与写字领域 …………………………………… 3
阅读领域 …………………………………………… 61

语文·一年级（下册）
识字与写字领域 …………………………………… 79
阅读领域 …………………………………………… 130
口语交际领域 ……………………………………… 159

数学·一年级（上册）
数与代数领域 ……………………………………… 169
图形与几何领域 …………………………………… 189
统计与概率领域 …………………………………… 191

数学·一年级（下册）
数与代数领域 ……………………………………… 195
图形与几何领域 …………………………………… 220

语文·一年级
（上册）

编写人员：

王淑琴　赵　莉　张　华　唐宁宁　钱正慧　顾　静
张　琳　彭益珍　王金凤　秦　闻　叶光莹

学　校：_____　　年　级：_____
姓　名：_____　　出生日期：_____
评估者：_____　　评估时间：_____

评估标准：

　　3分：独立完成单一知识/技能；或独立完成多重知识/技能100%。

　　2分：独立完成或在单一支持下完成多重知识/技能60%及以上；或在单一支持下完成单一知识/技能。

　　1分：独立完成或在多重支持下完成多重知识/技能20%~60%以内；或在多重支持下完成单一知识/技能。

　　0分：独立完成或在多重支持下完成多重知识/技能20%以下；或在多重支持下无法完成单一知识/技能。

识字与写字领域

材料一：

1-1 常用汉字

前 1	后 2	左 3	右 4	大 5	小 6	好 7	门 8	多 9	少 10	弯 11	短 12	正 13	反 14	男 15
女 16	高 17	对 18	车 19	空 20	旗 21	棋 22	船 23	奶 24	公 25	爷 26	林 27	森 28	木 29	牛 30
灯 31	马 32	杏 33	桃 34	苹 35	黑 36	红 37	白 38	蓝 39	绿 40	黄 41	彩 42	影 43	色 44	桥 45
日 46	天 47	头 48	手 49	月 50	哥 51	姐 52	足 53	妹 54	牙 55	弟 56	耳 57	目 58	口 59	雨 60
风 61	云 62	水 63	火 64	雪 65	桌 66	刀 67	心 68	星 69	鸡 70	伞 71	鸭 72	狗 73	猫 74	鱼 75
蛙 76	兔 77	书 78	笔 79	虫 80	包 81	纸 82	尺 83	叶 84	树 85	花 86	禾 87	山 88	芽 89	草 90
石 91	田 92	娃 93	竹 94	土 95	莲 96	采 97	穿 98	打 99	放 100	飞 101	挂 102	关 103	开 104	看 105
睡 106	说 107	听 108	笑 109	写 110	站 111	找 112	走 113	坐 114	爬 115	地 116	人 117	你 118	我 119	他 120
一 121	二 122	三 123	四 124	五 125	上 126	下 127	鸟 128	六 129	七 130	八 131	九 132	十 133	爸 134	妈 135
不 136	画 137	字 138	词 139	语 140	句 141	子 142	文 143	数 144	学 145	音 146	乐 147	家 148	是 149	台 150

路 151	儿 152	秋 153	气 154	了 155	片 156	会 157	个 158	厂 159	两 160	在 161	里 162	见 163	闪 164	江 165
南 166	可 167	东 168	西 169	北 170	尖 171	春 172	青 173	夏 174	皮 175	冬 176	远 177	有 178	近 179	无 180
声 181	去 182	还 183	来 184	只 185	边 186	果 187	作 188	业 189	本 190	课 191	早 192	校 193	明 194	力 195
尘 196	从 197	众 198	双 199	条 200	升 201	国 202	中 203	歌 204	起 205	回 206	美 207	丽 208	立 209	午 210
晚 211	昨 212	今 213	年 214	它 215	朋 216	友 217	比 218	尾 219	巴 220	谁 221	长 222	把 223	最 224	诗 225
点 226	要 227	过 228	给 229	当 230	串 231	们 232	以 233	成 234	半 235	问 236	到 237	方 238	没 239	更 240
出 241	那 242	海 243	真 244	老 245	师 246	院 247	同 248	全 249	才 250	亮 251	时 252	候 253	觉 254	工 255
自 256	己 257	很 258	衣 259	服 260	快 261	又 262	变 263	向 264	和 265	贝 266	活 267	金 268	叔 269	群 270
用 271	几 272	步 273	为 274	参 275	加 276	洞 277	乌 278	鸦 279	处 280	办 281	旁 282	许 283	法 284	进 285
佳 286	孩 287	玩 288	医 289	发 290	生 291	久 292	么 293	什 294	着 295	得 296	的 297	吧 298	吗 299	呀 300

材料二：

2-1 词语和图片

前 qián miàn 前面 1	后 hòu miàn 后面 2	左 zuǒ biān 左边 3
右 yòu biān 右边 4	大 dà shù 大树 5	小 xiǎo shù 小树 6
远 yuǎn chù 远处 7	近 jìn chù 近处 8	多 duō shǎo 多少 9
少 duō shǎo 多少 10	弯 wān wān 弯弯 11	短 cháng duǎn 长短 12

公 gōng jī 公鸡	爷  yé ye 爷爷	林 sēn lín 森林
森 sēn lín 森林	木  mù tou 木头	牛  lǎo niú 老牛
灯  lù dēng 路灯	马  mǎ 马	杏  xìng zi 杏子
桃  táo zi 桃子	苹  píng guǒ 苹果	黑  hēi sè 黑色

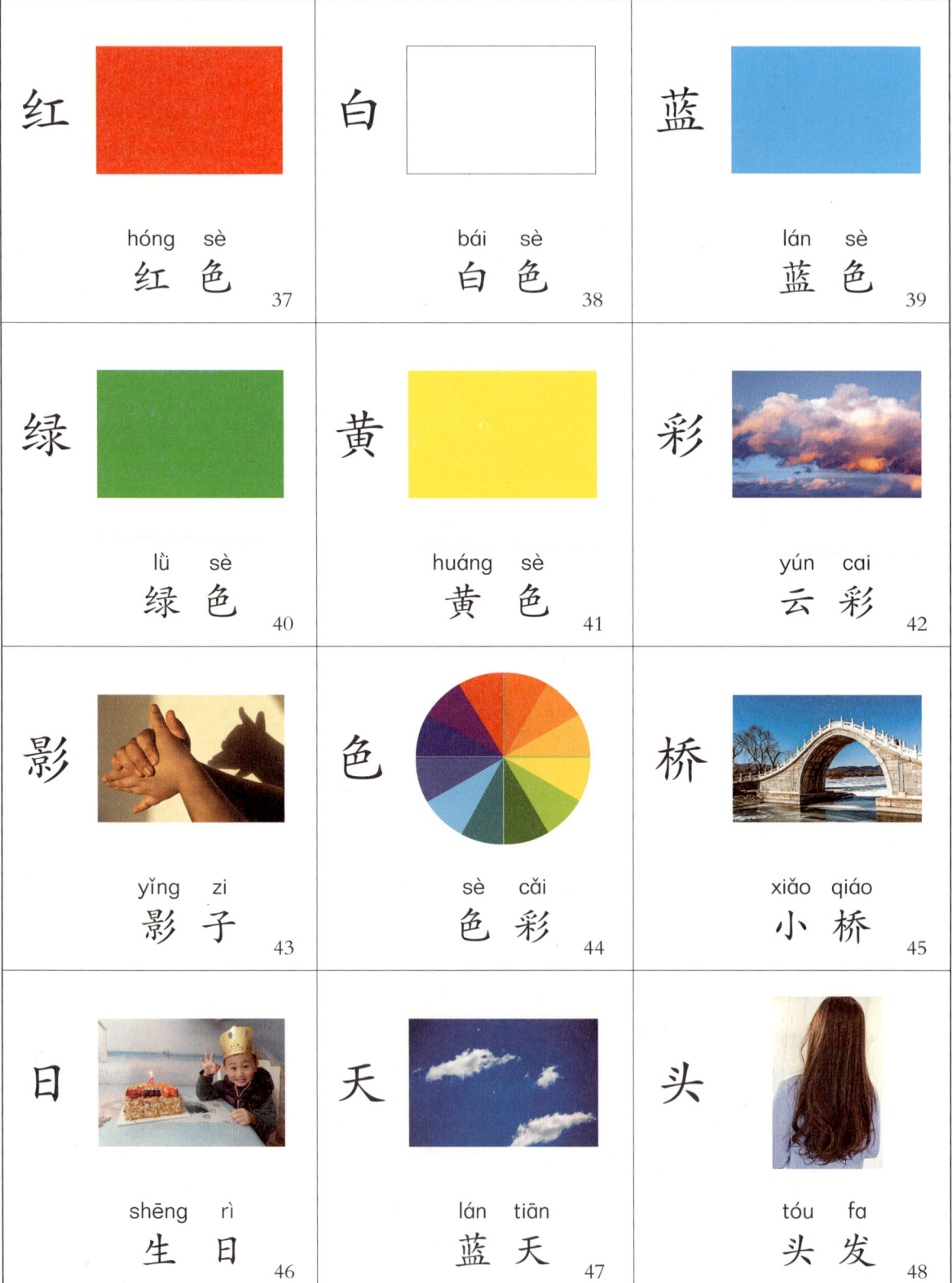

手 shuāng shǒu 双 手 49	月 yuè 月 50	哥 gē ge 哥 哥 51
姐 jiě jie 姐 姐 52	足 zú 足 53	妹 mèi mei 妹 妹 54
牙 yá 牙 55	弟 dì di 弟 弟 56	耳 ěr 耳 57
目 mù 目 58	口 kǒu 口 59	雨 xià yǔ 下 雨 60

风 fēng chē 风车 61	云 bái yún 白云 62	水 zì lái shuǐ 自来水 63
火 huǒ miáo 火苗 64	雪 xià xuě 下雪 65	桌 kè zhuō 课桌 66
刀 xiǎo dāo 小刀 67	心 hóng xīn 红心 68	星 xīng xing 星星 69
鸡 xiǎo jī 小鸡 70	伞 yǔ sǎn 雨伞 71	鸭 xiǎo yā 小鸭 72

狗 xiǎo gǒu 小 狗 73	猫 xiǎo māo 小 猫 74	鱼 xiǎo yú 小 鱼 75
蛙 qīng wā 青 蛙 76	兔 tù zi 兔 子 77	书 shū běn 书 本 78
笔 cǎi bǐ 彩 笔 79	虫 chóng zi 虫 子 80	包 shū bāo 书 包 81
纸 zhǐ chuán 纸 船 82	尺 chǐ zi 尺 子 83	叶 yè zi 叶 子 84

树 dà shù 大 树 85	花 hóng huā 红 花 86	禾 hé 禾 87
山 dà shān 大 山 88	芽 cǎo yá 草 芽 89	草 xiǎo cǎo 小 草 90
石 shí tou 石 头 91	田 tián dì 田 地 92	娃 wá wa 娃 娃 93
竹 zhú zi 竹 子 94	土 tǔ dì 土 地 95	莲 lián huā 莲 花 96

材料三：

2-2 动作和词语

采 cǎi huā 采花 1	穿 chuān yī 穿衣 2	打 dǎ kāi 打开 3
放 fàng xué 放学 4	飞 fēi xíng 飞行 5	挂 guà zhe 挂着 6
关 guān dēng 关灯 7	开 kāi dēng 开灯 8	看 kàn jiàn 看见 9
睡 shuì jiào 睡觉 10	说 shuō huà 说话 11	听 tīng gē 听歌 12
笑 dà xiào 大笑 13	写 xiě zì 写字 14	站 zhàn lì 站立 15
找 zhǎo dào 找到 16	走 zǒu lù 走路 17	坐 zuò xià 坐下 18
爬 pá shān 爬山 19		

材料四：

2-3 汉字

地₁₁₆ 人₁₁₇ 你₁₁₈ 我₁₁₉	他₁₂₀ 一₁₂₁ 二₁₂₂ 三₁₂₃	四₁₂₄ 五₁₂₅ 上₁₂₆ 下₁₂₇	鸟₁₂₈ 六₁₂₉ 七₁₃₀ 八₁₃₁
九₁₃₂ 十₁₃₃ 爸₁₃₄ 妈₁₃₅	不₁₃₆ 画₁₃₇ 字₁₃₈ 词₁₃₉	语₁₄₀ 句₁₄₁ 子₁₄₂ 文₁₄₃	数₁₄₄ 学₁₄₅ 音₁₄₆ 乐₁₄₇
家₁₄₈ 是₁₄₉ 台₁₅₀ 路₁₅₁	儿₁₅₂ 秋₁₅₃ 气₁₅₄ 了₁₅₅	片₁₅₆ 会₁₅₇ 个₁₅₈ 厂₁₅₉	两₁₆₀ 在₁₆₁ 里₁₆₂ 见₁₆₃
闪₁₆₄ 江₁₆₅ 南₁₆₆ 可₁₆₇	东₁₆₈ 西₁₆₉ 北₁₇₀ 尖₁₇₁	春₁₇₂ 青₁₇₃ 夏₁₇₄ 皮₁₇₅	冬₁₇₆ 远₁₇₇ 有₁₇₈ 近₁₇₉
无₁₈₀ 声₁₈₁ 去₁₈₂ 还₁₈₃	来₁₈₄ 只₁₈₅ 边₁₈₆ 果₁₈₇	作₁₈₈ 业₁₈₉ 本₁₉₀ 课₁₉₁	早₁₉₂ 校₁₉₃ 明₁₉₄ 力₁₉₅
尘₁₉₆ 从₁₉₇ 众₁₉₈ 双₁₉₉	条₂₀₀ 升₂₀₁ 国₂₀₂ 中₂₀₃	歌₂₀₄ 起₂₀₅ 回₂₀₆ 美₂₀₇	丽₂₀₈ 立₂₀₉ 午₂₁₀ 晚₂₁₁

昨212	今213	朋216	友217	巴220	谁221	最224	诗225
年214	它215	比218	尾219	长222	把223	点226	要227
过228	给229	们232	以233	问236	到237	更240	出241
当230	串231	成234	半235	方238	没239	那242	海243
真244	老245	同248	全249	时252	候253	自256	己257
师246	院247	才250	亮251	觉254	工255	很258	衣259
服260	快261	向264	和265	金268	叔269	几272	步273
又262	变263	贝266	活267	群270	用271	为274	参275
加276	洞277	处280	办281	法284	进285	玩288	医289
乌278	鸦279	旁282	许283	佳286	孩287	发290	生291
久292	么293	得296	的297	呀300			
什294	着295	吧298	吗299				

材料五：

3-1 常用字词和多音字

1. 常用字词

前	后	左	右	大	小	好	门	多	少	弯	短	正	反	男
1	2	3	4	5	6	7	8	9	10	11	12	13	14	15
女	高	对	车	空	旗	棋	船	奶	公	爷	林	森	木	牛
16	17	18	19	20	21	22	23	24	25	26	27	28	29	30
灯	马	杏	桃	苹	黑	红	白	蓝	绿	黄	彩	影	色	桥
31	32	33	34	35	36	37	38	39	40	41	42	43	44	45
日	天	头	手	月	哥	姐	足	妹	牙	弟	耳	目	口	雨
46	47	48	49	50	51	52	53	54	55	56	57	58	59	60
风	云	水	火	雪	桌	刀	心	星	鸡	伞	鸭	狗	猫	鱼
61	62	63	64	65	66	67	68	69	70	71	72	73	74	75
蛙	兔	书	笔	虫	包	纸	尺	叶	树	花	禾	山	芽	草
76	77	78	79	80	81	82	83	84	85	86	87	88	89	90
石	田	娃	竹	土	莲	采	穿	打	放	飞	挂	关	开	看
91	92	93	94	95	96	97	98	99	100	101	102	103	104	105
睡	说	听	笑	写	站	找	走	坐	爬	地	人	你	我	他
106	107	108	109	110	111	112	113	114	115	116	117	118	119	120
一	二	三	四	五	上	下	鸟	六	七	八	九	十	爸	妈
121	122	123	124	125	126	127	128	129	130	131	132	133	134	135
不	画	字	词	语	句	子	文	数	学	音	乐	家	是	台
136	137	138	139	140	141	142	143	144	145	146	147	148	149	150

路 151	儿 152	秋 153	气 154	了 155	片 156	会 157	个 158	厂 159	两 160	在 161	里 162	见 163	闪 164	江 165
南 166	可 167	东 168	西 169	北 170	尖 171	春 172	青 173	夏 174	皮 175	冬 176	远 177	有 178	近 179	无 180
声 181	去 182	还 183	来 184	只 185	边 186	果 187	作 188	业 189	本 190	课 191	早 192	校 193	明 194	力 195
尘 196	从 197	众 198	双 199	条 200	升 201	国 202	中 203	歌 204	起 205	回 206	美 207	丽 208	立 209	午 210
晚 211	昨 212	今 213	年 214	它 215	朋 216	友 217	比 218	尾 219	巴 220	谁 221	长 222	把 223	最 224	诗 225
点 226	要 227	过 228	给 229	当 230	串 231	们 232	以 233	成 234	半 235	问 236	到 237	方 238	没 239	更 240
出 241	那 242	海 243	真 244	老 245	师 246	院 247	同 248	全 249	才 250	亮 251	时 252	候 253	觉 254	工 255
自 256	己 257	很 258	衣 259	服 260	快 261	又 262	变 263	向 264	和 265	贝 266	活 267	金 268	叔 269	群 270
用 271	几 272	步 273	为 274	参 275	加 276	洞 277	乌 278	鸦 279	处 280	办 281	旁 282	许 283	法 284	进 285
佳 286	孩 287	玩 288	医 289	发 290	生 291	久 292								

2. 多音字

地	数	长	着				

材料六：

4-1 生字

采	穿	打	放	飞	挂	关	开	看	睡	说	听	笑	写	站
找	走	坐	爬											

材料七：

4-2 常用字词和多音字

1. 常用字词

公 25	林 27	森 28	苹 35	彩 42	色 44	风 61	地 116	人 117	你 118	我 119	他 120	一 121	二 122	三 123
四 124	五 125	上 126	下 127	鸟 128	六 129	七 130	八 131	九 132	十 133	爸 134	妈 135	不 136	画 137	字 138
词 139	语 140	句 141	子 142	文 143	数 144	学 145	音 146	乐 147	家 148	是 149	台 150	路 151	儿 152	秋 153
气 154	了 155	片 156	会 157	个 158	厂 159	两 160	在 161	里 162	见 163	闪 164	江 165	南 166	可 167	东 168
西 169	北 170	尖 171	春 172	青 173	夏 174	皮 175	冬 176	远 177	有 178	近 179	无 180	声 181	去 182	还 183
来 184	只 185	边 186	果 187	作 188	业 189	本 190	课 191	早 192	校 193	明 194	力 195	尘 196	从 197	众 198
双 199	条 200	升 201	国 202	中 203	歌 204	起 205	回 206	美 207	丽 208	立 209	午 210	晚 211	昨 212	今 213
年 214	它 215	朋 216	友 217	比 218	尾 219	巴 220	谁 221	长 222	把 223	最 224	诗 225	点 226	要 227	过 228
给 229	当 230	串 231	们 232	以 233	成 234	半 235	问 236	到 237	方 238	没 239	更 240	出 241	那 242	海 243
真 244	老 245	师 246	院 247	同 248	全 249	才 250	亮 251	时 252	候 253	觉 254	工 255	自 256	己 257	很 258

衣 259	服 260	快 261	又 262	变 263	向 264	和 265	贝 266	活 267	金 268	叔 269	群 270	用 271	几 272	步 273
为 274	参 275	加 276	洞 277	乌 278	鸦 279	处 280	办 281	旁 282	许 283	法 284	进 285	佳 286	孩 287	玩 288
医 289	发 290	生 291	久 292											

2. 多音字

```
数学
数不清
```

他顽皮地说："我是冬天。"

土地

猴子尾巴长。

长出

小娃娃嘻嘻地笑着。

他在洞里睡着啦。

材料八：

4-3 字和图片

材料九：

5-1 基本笔画

一	丨	丿	乀	丶	亅	㇐	㇏
㇕	㇆	㇇	乙	㇄	㇉	㇈	㇋
㇌	㇙	㇗	㇄	㇀	㇊		

材料十：

6-1 基本笔画

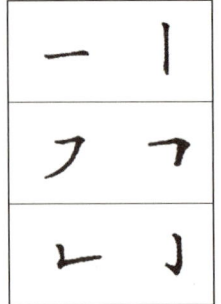 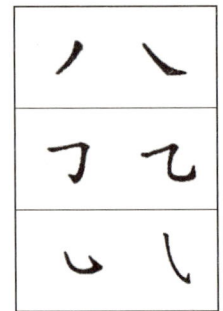 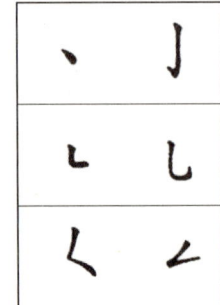 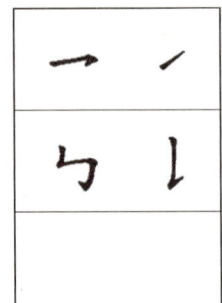

材料十一：

7-1 常用偏旁

口	目	木	彳	日	囗	人	宀
亻	禾	虫	竹	勹	鸟	冖	八
艹	犭	攵	纟	女	穴	二	刂
门	氵	灬	忄	彡	扌	王	月
丷	讠	夂	辶				

材料十二：

8-1 常用偏旁

口	目
亻	禾
艹	犭
门	氵
勹	讠

木	彳
虫	竹
攵	纟
灬	忄
夂	辶

日	口
勹	鸟
女	穴
彡	扌

人	宀
亻	八
一	刂
王	月

材料十三：

9-1 声母

b	p	m	f	d	t	n	l
g	k	h	j	q	x	zh	ch
sh	r	z	c	s	y	w	

材料十四：

10–1 声母和图片

b　　　p　　　m　　　f

d　　　t　　　n　　　l

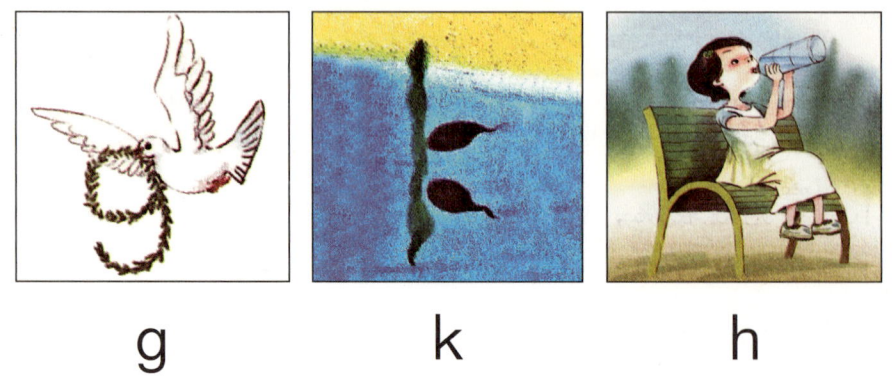

g　　　k　　　h

材料十五：

11-1 韵母

a	o	e	i	u	ü		
ai	ei	ui	ao	ou	iu	ie	üe	er
an	en	in	un	ün	ang	eng	ing	ong
ā	é	ǔ	ài	uí	ǎo		
ōu	ié	ěr	èn	ún	īng		

材料十六：

12-1 韵母和图片

ai　ei　ui　ao　ou　iu　ie　üe　er

an　en　in　ang　eng

un　ün　　ing　ong

ā　é　ǚ　ài　uí　ǎo　ōu

ié　ěr　èn　ǘn　īng

材料十七：

13-1 整体认读音节

zhi	chi	shi	ri	zi	ci	si
yi	wu	yu	ye	yue		
yuan	yin	yun	ying			

材料十八：

14-1 整体认读音节和图片

zhi　　　chi　　　shi　　　ri

zi　　　ci　　　si

yi　　　wu　　　yu

材料十九：

15-1 音节和音节词

bā	qiú	guā	chuán
dǎ gǔ	zhé zhǐ	duī xuě rén	
huà huà	xià qí	cā zhuō zi	

材料二十：

16-1 音节、音节词和图片

b - ā ➡ bā

q - iú ➡ qiú

g - u - ā ➡ guā

ch - u - án ➡ chuán

dǎ gǔ zhé zhǐ duī xuě rén

huà huà xià qí cā zhuō zi

材料二十一：

17-1 书写听到的汉字

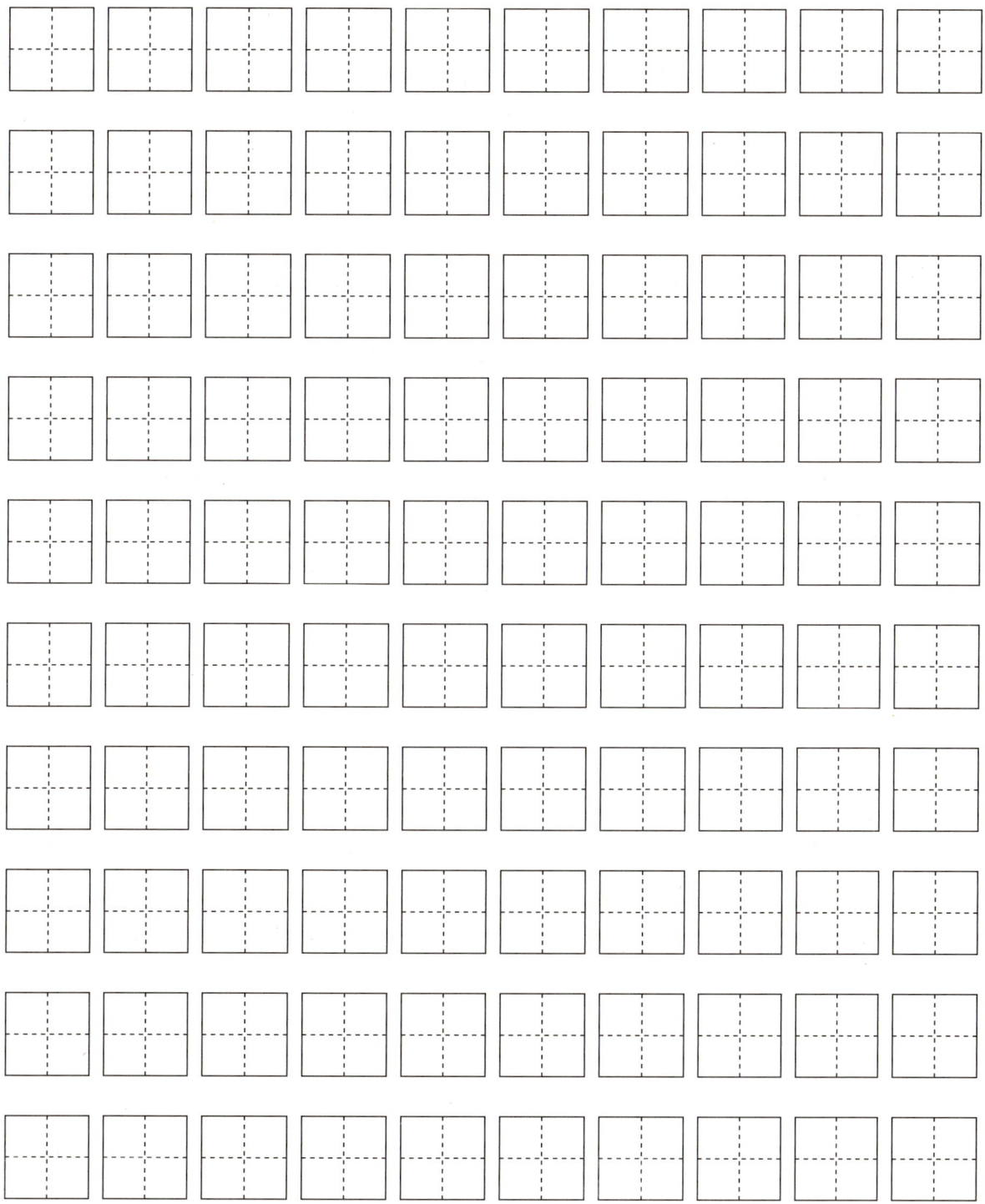

材料二十二：

17-1/18-1 仿写汉字

一	二	三	上	口
目	耳	手	日	田
禾	火	虫	云	山
八	十	了	子	人
大	月	儿	头	里
可	东	西	天	四
是	女	开	水	去
来	不	小	少	牛
果	鸟	早	书	刀
尺	本	木	林	土

为	心	中	五	立
正	在	后	我	好
长	比	巴	把	下
个	雨	们	问	有
半	从	你	才	明
同	学	自	己	衣
白	的	又	和	竹
牙	马	用	几	只
石	多	出	见	对
妈	全	回	王	厂

材料二十三：

19–1 描写汉字

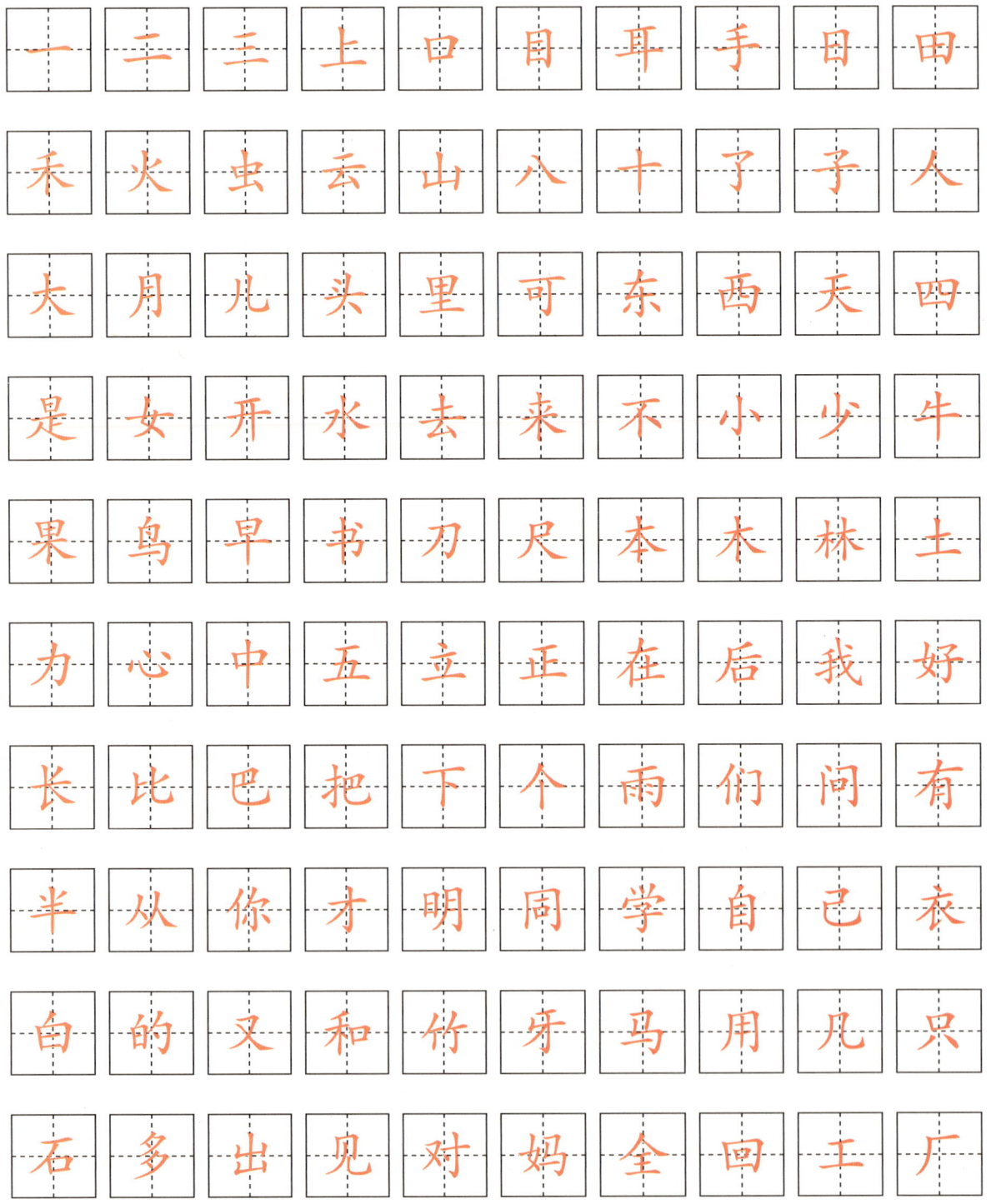

材料二十四：

21-1 按笔顺规则书写汉字

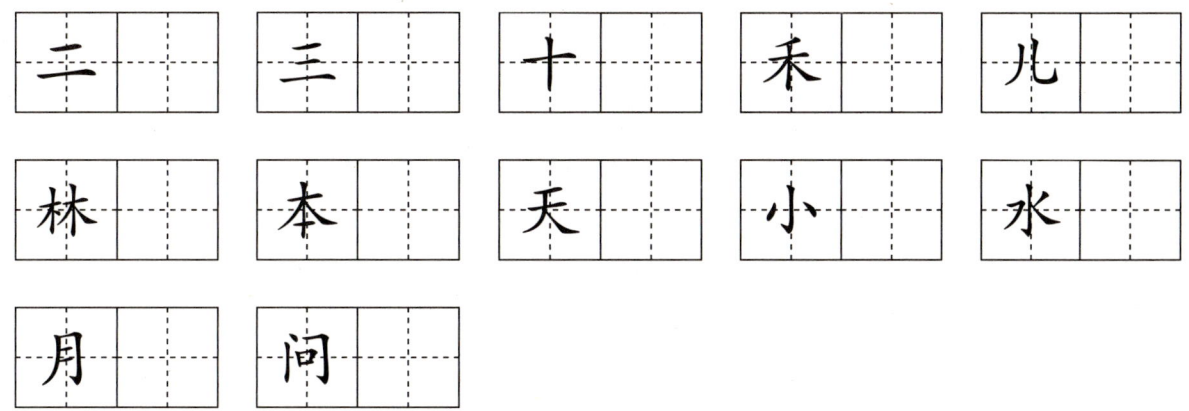

材料二十五：

22-1 按笔顺书写汉字

二（一 二）

三（一 二 三）

十（一 十）

禾（丿 一 十 千 禾）

儿（丿 儿）

林（一 十 才 木 术 材 林）

本（一 十 才 木 本）

天（一 二 三 天）

小（亅 ㇀ 小）

水（亅 ㇀ 水 水）

月（丿 冂 月 月）

问（丶 亠 门 门 问 问）

材料二十六：

23-1 听笔画名称，写出相对应的笔画

____ ____ ____ ____ ____ ____

____ ____ ____ ____ ____ ____

____ ____ ____ ____ ____ ____

____ ____ ____ ____

材料二十七：

23-1/24-1 仿写笔画

一 丨 丿 乀 丶 ノ 𠃌 乛
___ ___ ___ ___ ___ ___ ___ ___

⼀ ㇄ ㇄ ㇄ 亅 丿 ㇄ ㇆
___ ___ ___ ___ ___ ___ ___ ___

㇃ ㇇ 𠃌 乚 乙 ㇁
___ ___ ___ ___ ___ ___

材料二十八：

25-1 描写笔画

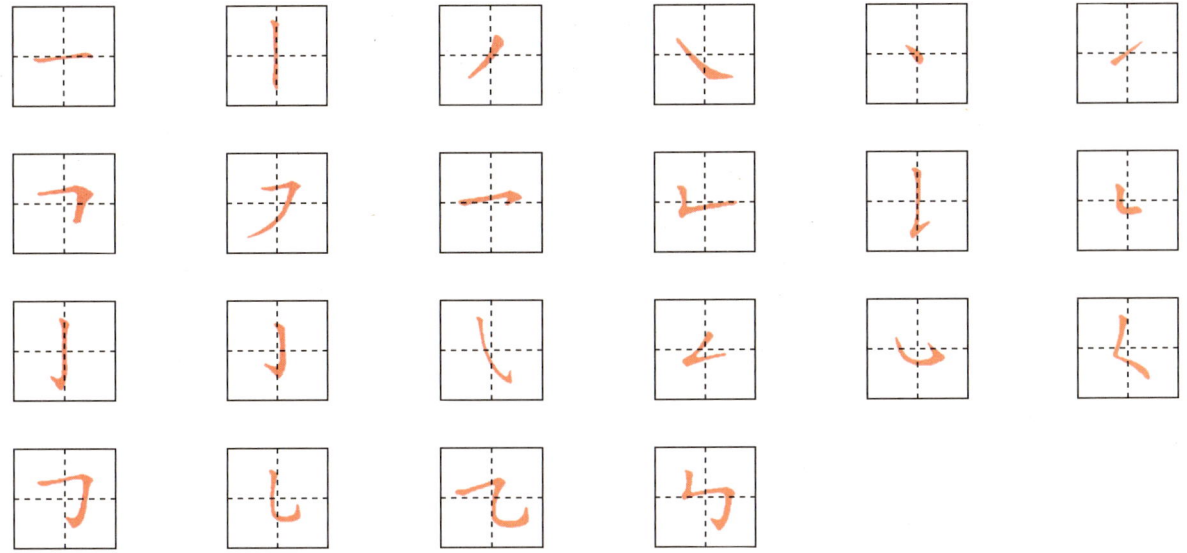

材料二十九：

27-1 听偏旁名称，写出相对应的偏旁

_____ _____ _____ _____ _____ _____

_____ _____ _____ _____ _____ _____

_____ _____ _____ _____ _____ _____

_____ _____ _____ _____ _____ _____

_____ _____ _____ _____ _____ _____

_____ _____ _____ _____ _____ _____

材料三十：

27-1/28-1 仿写偏旁

亅 亻 八 人 𠂉 勹 亠 冖 讠

扌 艹 口 囗 彳 彡 犭 夂 门

氵 忄 宀 辶 女 纟 王 木 日

夊 月 灬 目 禾 鸟 穴 虫 竹

材料三十一：

29-1 描写偏旁

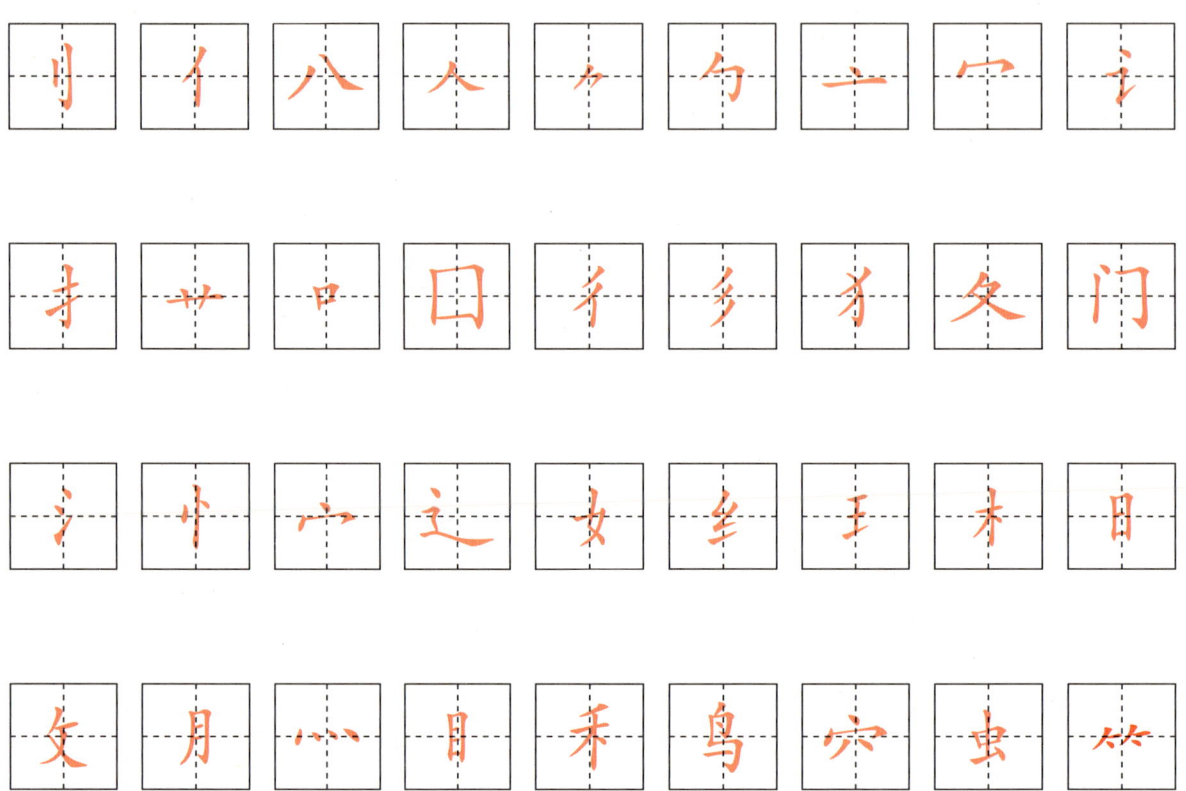

材料三十二：

31-1 仿写声母

b　p　m　f　d　t　n　l

g　k　h　j　q　x

zh　ch　sh　r　z　c　y　w

材料三十三：

32-1 描写声母

材料三十四：

34-1 仿写韵母

a　　o　　e　　i　　u　　ü

ai　　ei　　ui　　ao　　ou

iu　　ie　　üe　　er

an　　en　　in　　un　　ün

ang　　eng　　ing　　ong

材料三十五：

35-1 描写韵母

单韵母

a　o　e　i　u　ü

复韵母

ai　ei　ui　ao　ou　iu　ie　üe　er

an　en　in　un　ün　ang　eng　ing　ong

材料三十六：

37-1 仿写音节

zi　　　ci　　　si　　　ri

zhi　　chi　　shi　　yue

yi　　　yu　　　wu　　　ye

yin　　yun　　yuan　　ying

材料三十七：

38-1 描写音节

zhi　chi　shi　ri　zi　ci　si

yi　wu　yu　ye　yue　yuan

yin　yun　ying

阅读领域

材料一：

1–1/2–1/3–1/4–1 课文《秋天》《影子》

qiū　tiān
秋　天

　　tiān qì liáng le，shù yè huáng le，yí piàn piàn yè zi cóng shù shàng luò xià
　　天气凉了，树叶黄了，一片片叶子从树上落下
lái
来。

　　tiān kōng nà me lán，nà me gāo。yì qún dà yàn wǎng nán fēi，yí huìr
　　天空那么蓝，那么高。一群大雁往南飞，一会儿
pái chéng gè rén zì，yí huìr pái chéng gè yī zì
排成个"人"字，一会儿排成个"一"字。

　　à qiū tiān lái le
　　啊！秋天来了！

影子

影子在前，
影子在后，
影子常常跟着我，
就像一条小黑狗。

影子在左，
影子在右，
影子常常陪着我，
它是我的好朋友。

材料二：

5-1/6-1 课文《雨点儿》

雨点儿

数不清的雨点儿，从云彩里飘落下来。

半空中，大雨点儿问小雨点儿："你要到哪里去？"

小雨点儿回答："我要去有花有草的地方。你呢？"

大雨点儿说："我要去没有花没有草的地方。"

不久，有花有草的地方，花更红了，草更绿了。没有花没有草的地方，开出了红的花，长出了绿的草。

材料三：

7-1/8-1 儿歌《金木水火土》《四季》《大小多少》《小书包》《升国旗》《前后左右　东西南北》《雪地里的小画家》

金木水火土

一二三四五，金木水火土。

天地分上下，日月照今古。

sì　jì
四　季

căo yá jiān jiān　　　tā duì xiǎo niǎo shuō　　　wǒ shì chūn tiān
草芽尖尖，他对小鸟说："我是春天。"

hé yè yuán yuán　　　tā duì qīng wā shuō　　　wǒ shì xià tiān
荷叶圆圆，他对青蛙说："我是夏天。"

gǔ suì wān wān　　　tā jū zhe gōng shuō　　　wǒ shì qiū tiān
谷穗弯弯，他鞠着躬说："我是秋天。"

xuě rén dà dù zi yì tǐng　　　tā wán pí de shuō　　　wǒ jiù shì dōng tiān
雪人大肚子一挺，他顽皮地说："我就是冬天。"

大小多少

一个大,一个小,一头黄牛一只猫。
一边多,一边少,一群鸭子一只鸟。
一个大,一个小,一个苹果一颗枣。
一边多,一边少,一堆杏子一个桃。

小书包

我的小书包,宝贝真不少。
课本作业本,铅笔转笔刀。
上课静悄悄,下课不乱跑。
天天起得早,陪我去学校。

升国旗

五星红旗，我们的国旗。
国歌声中，徐徐升起；
迎风飘扬，多么美丽。
向着国旗，我们立正；
望着国旗，我们敬礼。

前后左右　东西南北

早晨起来，面向太阳。

前面是东，后面是西。

左面是北，右面是南。

雪地里的小画家

下雪啦,下雪啦!
雪地里来了一群小画家。
小鸡画竹叶,小狗画梅花,
小鸭画枫叶,小马画月牙。
不用颜料不用笔,
几步就成一幅画。
青蛙为什么没参加?
他在洞里睡着啦。

材料四：

9-1/10-1 儿童诗《小小的船》

xiǎo xiǎo de chuán
小小的船

wān wān de yuè ér xiǎo xiǎo de chuán
弯弯的月儿小小的船，

xiǎo xiǎo de chuán ér liǎng tóu jiān
小小的船儿两头尖。

wǒ zài xiǎo xiǎo de chuán lǐ zuò
我在小小的船里坐，

zhǐ kàn jiàn shǎn shǎn de xīng xing lán lán de tiān
只看见闪闪的星星蓝蓝的天。

材料五：

11-1/12-1 古诗《咏鹅》《画》《悯农（其二）》《古朗月行（节选）》《风》

咏鹅

[唐]骆宾王

鹅，鹅，鹅，

曲项向天歌。

白毛浮绿水，

红掌拨清波。

huà
画

yuǎn kàn shān yǒu sè
远看山有色，

jìn tīng shuǐ wú shēng
近听水无声。

chūn qù huā hái zài
春去花还在，

rén lái niǎo bù jīng
人来鸟不惊。

fēng
风

táng lǐ qiáo
[唐]李峤

jiě luò sān qiū yè
解落三秋叶，

néng kāi èr yuè huā
能开二月花。

guò jiāng qiān chǐ làng
过江千尺浪，

rù zhú wàn gān xié
入竹万竿斜。

mǐn nóng qí èr
悯农（其二）

táng lǐ shēn
[唐]李绅

chú hé rì dāng wǔ
锄禾日当午，

hàn dī hé xià tǔ
汗滴禾下土。

shuí zhī pán zhōng cān
谁知盘中餐，

lì lì jiē xīn kǔ
粒粒皆辛苦。

gǔ lǎng yuè xíng jié xuǎn
古朗月行（节选）

táng lǐ bái
[唐]李白

xiǎo shí bù shí yuè
小时不识月，

hū zuò bái yù pán
呼作白玉盘。

yòu yí yáo tái jìng
又疑瑶台镜，

fēi zài qīng yún duān
飞在青云端。

材料六：

13-1 在括号里补充合适的词语

小小的（　　　） 弯弯的（wān）（　　　） 闪闪的（　　　） 蓝蓝的（lán）（　　　）	金色的（　　　　） 雪白的（　　　　） 快活的（　　　　）	一（　　）牛 一（　　）猫 一（　　）鸭子 一（　　）枣(zǎo) 一（　　）桃 一（　　）杏子

13-2 将成语补充完整

1. 种（zhòng）（　　）得（dé）（　　），种（zhòng）（　　）得（dé）（　　）。
2. （　　）（　　）栽树（zāi shù），（　　）（　　）乘凉（chéng liáng）。
3. 千里之行（qiān lǐ zhī xíng），（　　）（　　）（　　）（　　）。
4. （　　）（　　）（　　）（　　），更进一步（gèng jìn yí bù）。

材料七：

14-1 照样子，在括号里补充合适的词语

小小的船　　　　　　小小的（　　　　）

弯wān弯的月儿　　　　弯弯的（　　　　）

闪闪的星星　　　　　闪闪的（　　　　）

蓝lán蓝的天　　　　　蓝蓝的（　　　　）

14-2 看图片，在括号里补充合适的词语

金色的（　　　）　　　雪白的（　　　）

快活的（　　　）

14-3 选择合适的量词填空

只　　头　　颗kē　　个　　群qún　　堆duī

一（　　　）牛　　　　一（　　　）猫

一（　　　）鸭子　　　一（　　　）枣zǎo

一（　　　）桃　　　　一（　　　）杏子

材料八：

15-1 接读名言

yì nián zhī jì zài yú chūn
一年之计在于春，＿＿＿＿＿＿＿＿＿＿。

yí cùn guāng yīn yí cùn jīn
一寸光阴一寸金，＿＿＿＿＿＿＿＿＿＿。

15-2 把句子补充完整，并做一做

wǒ huì
我会＿＿＿＿＿＿＿＿＿＿＿＿＿＿＿。

15-3 根据提示做问答游戏

谁的 ＿＿＿＿＿＿＿＿＿ 最 ＿＿＿＿＿＿＿＿＿？

＿＿＿＿＿＿ 的 ＿＿＿＿＿＿ 最 ＿＿＿＿＿＿。

材料九：

16-1 照样子，把句子补充完整，并做一做

wǒ huì bǎ wén jù bǎi fàng zhěng qí
我会把文具摆放整齐。
wǒ huì zì jǐ zhěng lǐ shū bāo
我会自己整理书包。

我会 _____ 。

16-2 照样子，根据提示做问答游戏

谁的尾巴最好看？
kǒng què
孔雀的尾巴最好看。

谁的 yàng 样子最可爱？ ài
兔子的样子最可爱。

谁的 _____ 最 _____ ？
_____ 的 _____ 最 _____ 。

材料十：

21-1/22-1 数出短文中的自然段

乌鸦喝水

一只乌鸦口渴了，到处找水喝。乌鸦看见一个瓶子，瓶子里有水。但是，瓶子里水不多，瓶口又小，乌鸦喝不着水。怎么办呢？

乌鸦看见旁边有许多小石子，想出办法来了。

乌鸦把小石子一颗一颗地放进瓶子里。瓶子里的水渐渐升高，乌鸦就喝着水了。

材料十一：

23-1 找出句中的逗号、句号

小蜗牛爬呀，爬呀，好久才爬回来。

材料十二：

24-1 说出","""。"的名称

，

。

24-2 找出句中的逗号、句号

小蜗牛爬呀，爬呀，好久才爬回来。

语文·一年级
（下册）

编写人员：

赵 莉　彭益珍　张 琳　顾 静　钱正慧　张 华
王淑琴　唐宁宁　王金凤　秦 闻

学　校：_____　　年　级：_____
姓　名：_____　　出生日期：_____
评估者：_____　　评估时间：_____

评估标准：

　　3分：独立完成单一知识/技能；或独立完成多重知识/技能100%。

　　2分：独立完成或在单一支持下完成多重知识/技能60%及以上；或在单一支持下完成单一知识/技能。

　　1分：独立完成或在多重支持下完成多重知识/技能20%～60%以内；或在多重支持下完成单一知识/技能。

　　0分：独立完成或在多重支持下完成多重知识/技能20%以下；或在多重支持下无法完成单一知识/技能。

识字与写字领域

材料一：

1-1 常用汉字

霜 1	池 2	晴 3	眼 4	睛 5	满 6	阴 7	雷 8	电 9	冰 10	冻 11	井 12	村 13	房 14	巾 15
太 16	阳 17	铅 18	直 19	身 20	窝 21	绳 22	羽 23	毛 24	球 25	排 26	篮 27	夜 28	床 29	粽 30
米 31	豆 32	肉 33	镜 34	裙 35	眉 36	嘴 37	脖 38	臂 39	肚 40	腿 41	脚 42	蜻 43	蜓 44	蚂 45
蚁 46	蜘 47	蛛 48	网 49	圆 50	粮 51	操 52	铃 53	玉 54	饭 55	茶 56	虹 57	鞭 58	炮 59	泉 60
荷 61	露 62	角 63	珠 64	盆 65	翅 66	膀 67	窗 68	坡 69	浮 70	沉 71	棍 72	汤 73	扇 74	椅 75
新 76	皂 77	钟 78	面 79	鼻 80	虎 81	熊 82	舌 83	脸 84	猴 85	瓜 86	胖 87	弓 88	棉 89	燕 90
羊 91	鹿 92	象 93	澡 94	蚊 95	吹 96	游 97	吃 98	跳 99	伸 100	拿 101	拔 102	拍 103	跑 104	踢 105
摇 106	躺 107	唱 108	搬 109	洗 110	掰 111	扛 112	扔 113	捧 114	抱 115	蹦 116	吐 117	拨 118	甩 119	转 120
刷 121	梳 122	擦 123	举 124	背 125	咬 126	落 127	降 128	飘 129	入 130	姓 131	氏 132	李 133	张 134	古 135
吴 136	赵 137	钱 138	孙 139	周 140	王 141	官 142	清 143	保 144	护 145	害 146	事 147	情 148	请 149	让 150

病 151	相 152	遇 153	喜 154	欢 155	言 156	互 157	令 158	动 159	万 160	纯 161	净 162	阵 163	夹 164	165
忘 166	叫 167	主 168	席 169	乡 170	亲 171	战 172	士 173	想 174	告 175	诉 176	就 177	京 178	安 179	广 180
非 181	常 182	壮 183	观 184	接 185	再 186	做 187	各 188	种 189	样 190	伙 191	伴 192	却 193	也 194	趣 195
这 196	道 197	送 198	忙 199	尝 200	香 201	甜 202	温 203	暖 204	该 205	颜 206	因 207	辆 208	匹 209	册 210
支 211	棵 212	架 213	块 214	捉 215	急 216	河 217	行 218	死 219	信 220	跟 221	忽 222	喊 223	怎 224	独 225
孤 226	单 227	都 228	邻 229	居 230	招 231	呼 232	静 233	讲 234	戏 235	连 236	运 237	思 238	光 239	疑 240
望 241	低 242	故 243	胆 244	敢 245	往 246	外 247	勇 248	乱 249	偏 250	散 251	原 252	像 253	微 254	端 255
节 256	总 257	间 258	分 259	带 260	知 261	据 262	念 263	座 264	浇 265	提 266	洒 267	挑 268	兴 269	食 270
照 271	千 272	迷 273	藏 274	造 275	严 276	寒 277	酷 278	暑 279	凉 280	晨 281	细 282	朝 283	霞 284	夕 285
杨 286	场 287	热 288	闹 289	锻 290	炼 291	体 292	之 293	初 294	性 295	善 296	习 297	教 298	迁 299	贵 300
专 301	幼 302	器 303	义 304	能 305	饱 306	泡 307	轻 308	首 309	踪 310	迹 311	萍 312	流 313	爱 314	柔 315
晶 316	停 317	机 318	展 319	透 320	朵 321	腰 322	潮 323	湿 324	闷 325	消 326	息 327	响 328	断 329	您 330

萤 331	牵 332	织 333	斗 334	具 335	次 336	丢 337	每 338	平 339	她 340	些 341	仔 342	检 343	查 344	所 345
丁 346	元 347	迟 348	刚 349	共 350	汽 351	决 352	定 353	已 354	经 355	物 356	准 357	第 358	鬼 359	追 360
通 361	注 362	意 363	遍 364	百 365	结 366	吵 367	摘 368	岁 369	现 370	票 371	交 372	甘 373	娘 374	治 375
别 376	干 377	然 378	奇 379	颗 380	瓢 381	碧 382	咕 383	咚 384	熟 385	掉 386	吓 387	逃 388	命 389	赶 390
野 391	拦 392	领 393	壁 394	墙 395	卫 396	傻 397	呢 398	哪 399	啦 400					

材料二：

2-1 词语和图片

霜 qiū shuāng 秋霜 1	池 chí shuǐ 池水 2	晴 qíng tiān 晴天 3
眼 yǎn jīng 眼睛 4	睛 yǎn jīng 眼睛 5	满 mǎn le 满了 6
阴 yīn tiān 阴天 7	雷 léi diàn 雷电 8	电 diàn dēng 电灯 9
冰 bīng kuài 冰块 10	冻 bīng dòng 冰冻 11	井 shuǐ jǐng 水井 12

村 cūn zi 村子 13	门 dà mén 大门 14	巾 máo jīn 毛巾 15
太 tài yáng 太阳 16	阳 tài yáng 太阳 17	铅 qiān bǐ 铅笔 18
直 zhí chǐ 直尺 19	身 shàng shēn 上身 20	窝 niǎo wō 鸟窝 21
绳 shéng zi 绳子 22	羽 yǔ máo qiú 羽毛球 23	毛 yǔ máo qiú 羽毛球 24

球 pí qiú 皮球 25	排 pái qiú 排球 26	篮 lán qiú 篮球 27
夜 yè wǎn 夜晚 28	床 mù chuáng 木床 29	粽 zòng zi 粽子 30
米 dà mǐ 大米 31	豆 hóng dòu 红豆 32	肉 ròu bāo 肉包 33
镜 jìng zi 镜子 34	裙 qún zi 裙子 35	眉 méi mao 眉毛 36

嘴 zuǐ ba 嘴巴 37	脖 bó zi 脖子 38	臂 shǒu bì 手臂 39
肚 dù zi 肚子 40	腿 dà tuǐ 大腿 41	脚 shuāng jiǎo 双脚 42
蜻 qīng tíng 蜻蜓 43	蜓 qīng tíng 蜻蜓 44	蚂 mǎ yǐ 蚂蚁 45
蚁 mǎ yǐ 蚂蚁 46	蜘 zhī zhū 蜘蛛 47	蛛 zhī zhū 蜘蛛 48

网 zhī zhū wǎng 蜘 蛛 网 49	圆 tāng yuán 汤 圆 50	粮 māo liáng 猫 粮 51
操 cāo chǎng 操 场 52	铃 fēng líng 风 铃 53	玉 yù mǐ 玉 米 54
饭 mǐ fàn 米 饭 55	茶 chá shuǐ 茶 水 56	虹 cǎi hóng 彩 虹 57
鞭 biān pào 鞭 炮 58	炮 biān pào 鞭 炮 59	泉 quán shuǐ 泉 水 60

荷  hé yè 荷 叶	露  lù zhū 露 珠	角  yáng jiǎo 羊 角
珠  lù zhū 露 珠	盆  liǎn pén 脸 盆	翅  chì bǎng 翅 膀
膀  chì bǎng 翅 膀	窗  chuāng 窗	坡  shān pō 山 坡
浮  fú chén 浮 沉	沉  fú chén 浮 沉	棍  mù gùn 木 棍

汤  tāng yuán 汤 圆 73	扇  shàn zi 扇 子 74	椅  yǐ zi 椅 子 75
新  xīn nián 新 年 76	皂  xiāng zào 香 皂 77	钟  guà zhōng 挂 钟 78
面  miàn bāo 面 包 79	鼻 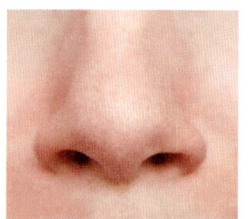 bí zi 鼻 子 80	虎  lǎo hǔ 老 虎 81
熊  hēi xióng 黑 熊 82	舌 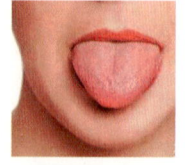 shé tou 舌 头 83	脸  xǐ liǎn 洗 脸 84

猴 hóu zi 猴子 85	瓜 xī guā 西瓜 86	胖  pàng zi 胖子 87
弓 wān gōng 弯弓 88	棉 mián huā 棉花 89	燕 yàn zi 燕子 90
羊  xiǎo yáng 小羊 91	鹿  xiǎo lù 小鹿 92	象  dà xiàng 大象 93
澡  xǐ zǎo 洗澡 94	蚊 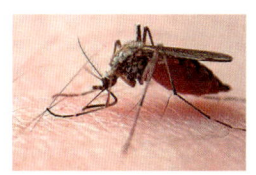 wén zi 蚊子 95	房  fáng zi 房子 96

材料三：

2-2 动作和词语

吹 chuī luò 吹 落 **1**	游 yóu xì 游 戏 **2**	吃 hǎo chī 好 吃 **3**
跳 tiào dòng 跳 动 **4**	伸 shēn shǒu 伸 手 **5**	拿 ná zhe 拿 着 **6**
拔 bá cǎo 拔 草 **7**	拍 pāi shǒu 拍 手 **8**	跑 pǎo bù 跑 步 **9**
踢 tī qiú 踢 球 **10**	摇 yáo tóu 摇 头 **11**	躺 tǎng xià 躺 下 **12**
唱 chàng gē 唱 歌 **13**	搬 bān jiā 搬 家 **14**	洗 xǐ shǒu 洗 手 **15**
掰 bāi kāi 掰 开 **16**	扛 káng qǐ 扛 起 **17**	扔 rēng xià 扔 下 **18**
捧 pěng zhe 捧 着 **19**	抱 bào zhe 抱 着 **20**	蹦 bèng tiào 蹦 跳 **21**

吐 tǔ chū 吐出 22	拨 bō dǎ 拨打 23	甩 shuǎi kāi 甩开 24
转 zhuǎn shēn 转身 25	刷 shuā yá 刷牙 26	梳 shū tóu 梳头 27
擦 cā shǒu 擦手 28	举 jǔ shǒu 举手 29	背 bēi zhe 背着 30
咬 yǎo duàn 咬断 31		

材料四：

2-3 汉字

落127	降128	姓131	氏132	古135	吴136	孙139	周140
飘129	入130	李133	张134	赵137	钱138	王141	官142
清143	保144	事147	情148	病151	相152	欢155	怕156
护145	害146	请149	让150	遇153	喜154	言157	互158
令159	动160	净163	阵164	叫167	主168	亲171	战172
万161	纯162	夹165	忘166	席169	乡170	士173	想174
告175	诉176	安179	广180	壮183	观184	做187	各188
就177	京178	非181	常182	接185	再186	种189	样190
伙191	伴192	趣195	这196	忙199	尝200	温203	暖204
却193	也194	道197	送198	香201	甜202	该205	颜206
因207	辆208	支211	棵212	捉215	急216	死219	信220
四209	册210	架213	块214	河217	行218	跟221	忽222

喊 223	怎 224	单 227	都 228	招 231	呼 232	戏 235	连 236
独 225	孤 226	邻 229	居 230	静 233	讲 234	运 237	思 238
光 239	疑 240	故 243	胆 244	外 247	勇 248	散 251	原 252
望 241	低 242	敢 245	往 246	乱 249	偏 250	像 253	微 254
端 255	节 256	分 259	带 260	念 263	座 264	洒 267	挑 268
总 257	间 258	知 261	据 262	浇 265	提 266	兴 269	食 270
照 271	千 272	造 275	严 276	暑 279	凉 280	朝 283	霞 284
迷 273	藏 274	寒 277	酷 278	晨 281	细 282	夕 285	杨 286
场 287	热 288	炼 291	体 292	性 295	善 296	迁 299	贵 300
闹 289	锻 290	之 293	初 294	习 297	教 298	专 301	幼 302
器 303	义 304	泡 307	轻 308	迹 311	萍 312	柔 315	晶 316
能 305	饱 306	首 309	踪 310	流 313	爱 314	停 317	机 318

展319 透320	潮323 湿324	息327 响328	萤331 牵332
朵321 腰322	闷325 消326	断329 您330	织333 斗334
具335 次336	平339 她340	检343 查344	元347 迟348
丢337 每338	些341 仔342	所345 丁346	刚349 共350
汽351 决352	经355 物356	鬼359 追360	意363 遍364
定353 已354	准357 第358	通361 注362	百365 结366
吵367 摘368	票371 交372	治375 别376	奇379 颗380
岁369 现370	甘373 娘374	干377 然378	瓢381 碧382
咕383 咚384	吓387 逃388	野391 拦392	墙395 卫396
熟385 掉386	命389 赶390	领393 壁394	傻397 呢398
哪399 啦400			

材料五：

3-1 常用字词和多音字

1. 常用字词

霜1	池2	晴3	眼4	睛5	满6	阴7	雷8	电9	冰10	冻11	井12	村13	房14	巾15
太16	阳17	铅18	直19	身20	窝21	绳22	羽23	毛24	球25	排26	篮27	夜28	床29	粽30
米31	豆32	肉33	镜34	裙35	眉36	嘴37	脖38	臂39	肚40	腿41	脚42	蜻43	蜓44	蚂45
蚁46	蜘47	蛛48	网49	圆50	粮51	操52	铃53	玉54	饭55	茶56	虹57	鞭58	炮59	泉60
荷61	露62	角63	珠64	盆65	翅66	膀67	窗68	坡69	浮70	沉71	棍72	汤73	扇74	椅75
新76	皂77	钟78	面79	鼻80	虎81	熊82	舌83	脸84	猴85	瓜86	胖87	弓88	棉89	燕90
羊91	鹿92	象93	澡94	蚊95	吹96	游97	吃98	跳99	伸100	拿101	拔102	拍103	跑104	踢105
摇106	躺107	唱108	搬109	洗110	掰111	扛112	扔113	捧114	抱115	蹦116	吐117	拔118	甩119	转120
刷121	梳122	擦123	举124	背125	咬126	落127	降128	飘129	入130	姓131	氏132	李133	张134	古135
吴136	赵137	钱138	孙139	周140	王141	官142	清143	保144	护145	害146	事147	情148	请149	让150

95

病 151	相 152	遇 153	喜 154	欢 155	怕 156	言 157	互 158	令 159	动 160	万 161	纯 162	净 163	阵 164	夹 165
忘 166	叫 167	主 168	席 169	乡 170	亲 171	战 172	士 173	想 174	告 175	诉 176	就 177	京 178	安 179	广 180
非 181	常 182	壮 183	观 184	接 185	再 186	做 187	各 188	种 189	样 190	伙 191	伴 192	却 193	也 194	趣 195
这 196	道 197	送 198	忙 199	尝 200	香 201	甜 202	温 203	暖 204	该 205	颜 206	因 207	辆 208	匹 209	册 210
支 211	棵 212	架 213	块 214	捉 215	急 216	河 217	行 218	死 219	信 220	跟 221	忽 222	喊 223	怎 224	独 225
孤 226	单 227	都 228	邻 229	居 230	招 231	呼 232	静 233	讲 234	戏 235	连 236	运 237	思 238	光 239	疑 240
望 241	低 242	故 243	胆 244	敢 245	往 246	外 247	勇 248	乱 249	偏 250	散 251	原 252	像 253	微 254	端 255
节 256	总 257	间 258	分 259	带 260	知 261	据 262	念 263	座 264	浇 265	提 266	洒 267	挑 268	兴 269	食 270
照 271	千 272	迷 273	藏 274	造 275	严 276	寒 277	酷 278	暑 279	凉 280	晨 281	细 282	朝 283	霞 284	夕 285
杨 286	场 287	热 288	闹 289	锻 290	炼 291	体 292	之 293	初 294	性 295	善 296	习 297	教 298	迁 299	贵 300
专 301	幼 302	器 303	义 304	能 305	饱 306	泡 307	轻 308	首 309	踪 310	迹 311	萍 312	流 313	爱 314	柔 315
晶 316	停 317	机 318	展 319	透 320	朵 321	腰 322	潮 323	湿 324	闷 325	消 326	息 327	响 328	断 329	您 330

萤	牵	织	斗	具	次	丢	每	平	她	些	仔	检	查	所
331	332	333	334	335	336	337	338	339	340	341	342	343	344	345
丁	元	迟	刚	共	汽	决	定	已	经	物	准	第	鬼	追
346	347	348	349	350	351	352	353	354	355	356	357	358	359	360
通	注	意	遍	百	结	吵	摘	岁	现	票	交	甘	娘	治
361	362	363	364	365	366	367	368	369	370	371	372	373	374	375
别	干	然	奇	颗	瓢	碧	咕	咚	熟	掉	吓	逃	命	赶
376	377	378	379	380	381	382	383	384	385	386	387	388	389	390
野	拦	领	壁	墙	卫	傻								
391	392	393	394	395	396	397								

2. 多音字

觉	只	种	乐	得	空		

材料六：

4-1 生字

吹	游	吃	跳	伸	拿	拔	拍
跑	踢	摇	躺	唱	搬	洗	掰
扛	扔	捧	抱	蹦	吐	拔	甩
转	刷	梳	擦	举	背	咬	

材料七：

4-2 常用字词和多音字

1. 常用字词

晴	雷	电	太	阳	铅	身	羽	毛	篮	蜻	蜓	蚂	蚁	蜘
5	8	9	16	17	18	20	23	24	27	43	44	45	46	47
蛛	粮	操	玉	鞭	炮	荷	珠	翅	膀	坡	新	面	脸	棉
48	51	52	54	58	59	61	64	66	67	69	76	79	84	89
澡	落	降	飘	入	姓	氏	李	张	古	吴	赵	钱	孙	周
94	127	128	129	130	131	132	133	134	135	136	137	138	139	140
王	官	清	保	护	害	事	情	请	让	病	相	遇	喜	欢
141	142	143	144	145	146	147	148	149	150	151	152	153	154	155
怕	言	互	令	动	万	纯	净	阵	夹	忘	叫	主	席	乡
156	157	158	159	160	161	162	163	164	165	166	167	168	169	170
亲	战	士	想	告	诉	就	京	安	广	非	常	壮	观	接
171	172	173	174	175	176	177	178	179	180	181	182	183	184	185
再	做	各	种	样	伙	伴	却	也	趣	这	道	送	忙	尝
186	187	188	189	190	191	192	193	194	195	196	197	198	199	200
香	甜	温	暖	该	颜	因	辆	匹	册	支	棵	架	块	捉
201	202	203	204	205	206	207	208	209	210	211	212	213	214	215
急	河	行	死	信	跟	忽	喊	怎	独	孤	单	都	邻	居
216	217	218	219	220	221	222	223	224	225	226	227	228	229	230
招	呼	静	讲	戏	连	运	思	光	疑	望	低	故	胆	敢
231	232	233	234	235	236	237	238	239	240	241	242	243	244	245

往 246	外 247	勇 248	乱 249	偏 250	散 251	原 252	像 253	微 254	端 255	节 256	总 257	间 258	分 259	带 260
知 261	据 262	念 263	座 264	浇 265	提 266	洒 267	挑 268	兴 269	食 270	照 271	千 272	迷 273	藏 274	造 275
严 276	寒 277	酷 278	暑 279	凉 280	晨 281	细 282	朝 283	霞 284	夕 285	杨 286	场 287	热 288	闹 289	锻 290
炼 291	体 292	之 293	初 294	性 295	善 296	习 297	教 298	迁 299	贵 300	专 301	幼 302	器 303	义 304	能 305
饱 306	泡 307	轻 308	首 309	踪 310	迹 311	萍 312	流 313	爱 314	柔 315	晶 316	停 317	机 318	展 319	透 320
朵 321	腰 322	潮 323	湿 324	闷 325	消 326	息 327	响 328	断 329	您 330	萤 331	牵 332	织 333	斗 334	具 335
次 336	丢 337	每 338	平 339	她 340	些 341	仔 342	检 343	查 344	所 345	丁 346	元 347	迟 348	刚 349	共 350
汽 351	决 352	定 353	已 354	经 355	物 356	准 357	第 358	鬼 359	追 360	通 361	注 362	意 363	遍 364	百 365
结 366	吵 367	摘 368	岁 369	现 370	票 371	交 372	甘 373	娘 374	治 375	别 376	干 377	然 378	奇 379	颗 380
瓢 381	碧 382	咕 383	咚 384	熟 385	掉 386	吓 387	逃 388	命 389	赶 390	野 391	拦 392	领 393	壁 394	墙 395
卫 396	傻 397													

2. 多音字

| 睡觉 | 只有 | 种树 | 快乐 | 有空 |
| 觉得 | 一只鸟 | 种子 | 音乐 | 有空 |

讲故事得有人听才行。

我觉得自己很大。

材料八：

4-3 字和图片

霜	池	晴	眼
虎	满	阴	舌
胖	冰	冻	井
村	门	巾	鼻

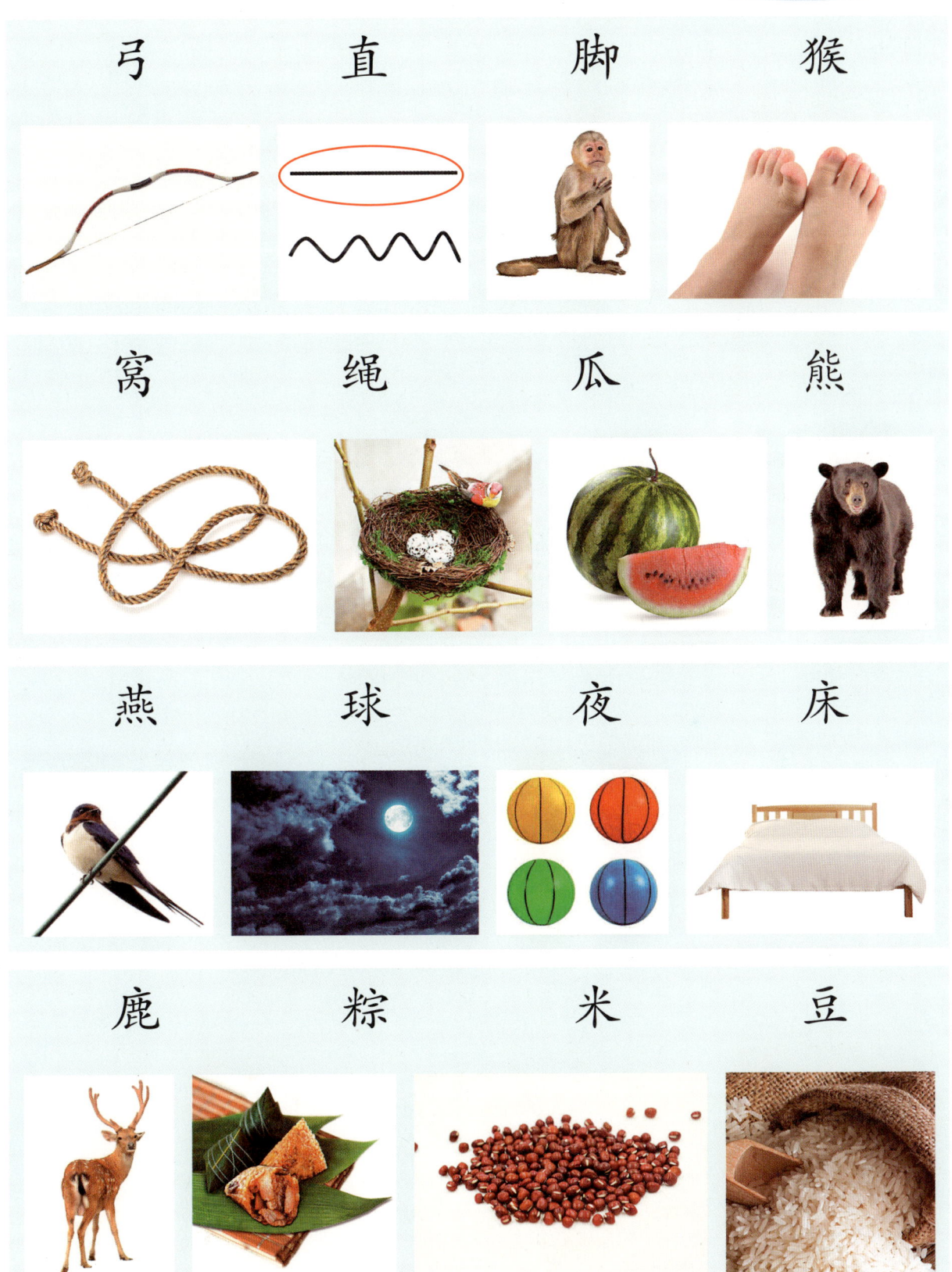

羊	盆	泉	象
角	露	钟	沉
浮	皂	扇	房
蚊	虹	饭	铃

材料九：

5-1 基本笔画

材料十：

6-1 基本笔画

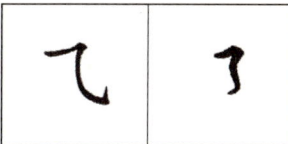

材料十一：

7-1 常用偏旁

厂	车	火	户	米	弓	广
阝	丷	疒	心	斤	又	立
冫	牛	土	大	卩	舌	子
身	页	钅	雨	走	足	衤

材料十二：

8-1　常用偏旁

厂	车
丷	疒
土	大
雨	走

火	户
心	斤
卩	舌
足	衤

米	弓
又	立
子	身

广	阝
冫	牛
页	钅

材料十三：

9-1/11-1 《汉语拼音字母表》（大写字母）

A	B	C	D	E	F	G
H	I	J	K	L	M	N
O	P	Q		R	S	T
U	V	W		X	Y	Z

材料十四：

10-1 《汉语拼音字母表》（大、小写字母）

A	B	C	D	E	F	G
a	b	c	d	e	f	g
H	I	J	K	L	M	N
h	i	j	k	l	m	n
O	P	Q	R	S	T	
o	p	q	r	s	t	
U	V	W	X	Y	Z	
u	v	w	x	y	z	

材料十五：

12-1 可供背诵的《汉语拼音字母表》

A __ C __ E F __

__ I __ K L __ N

O __ Q R S __

U V __ __ X __ Z

材料十六：

13-1 书写听到的汉字

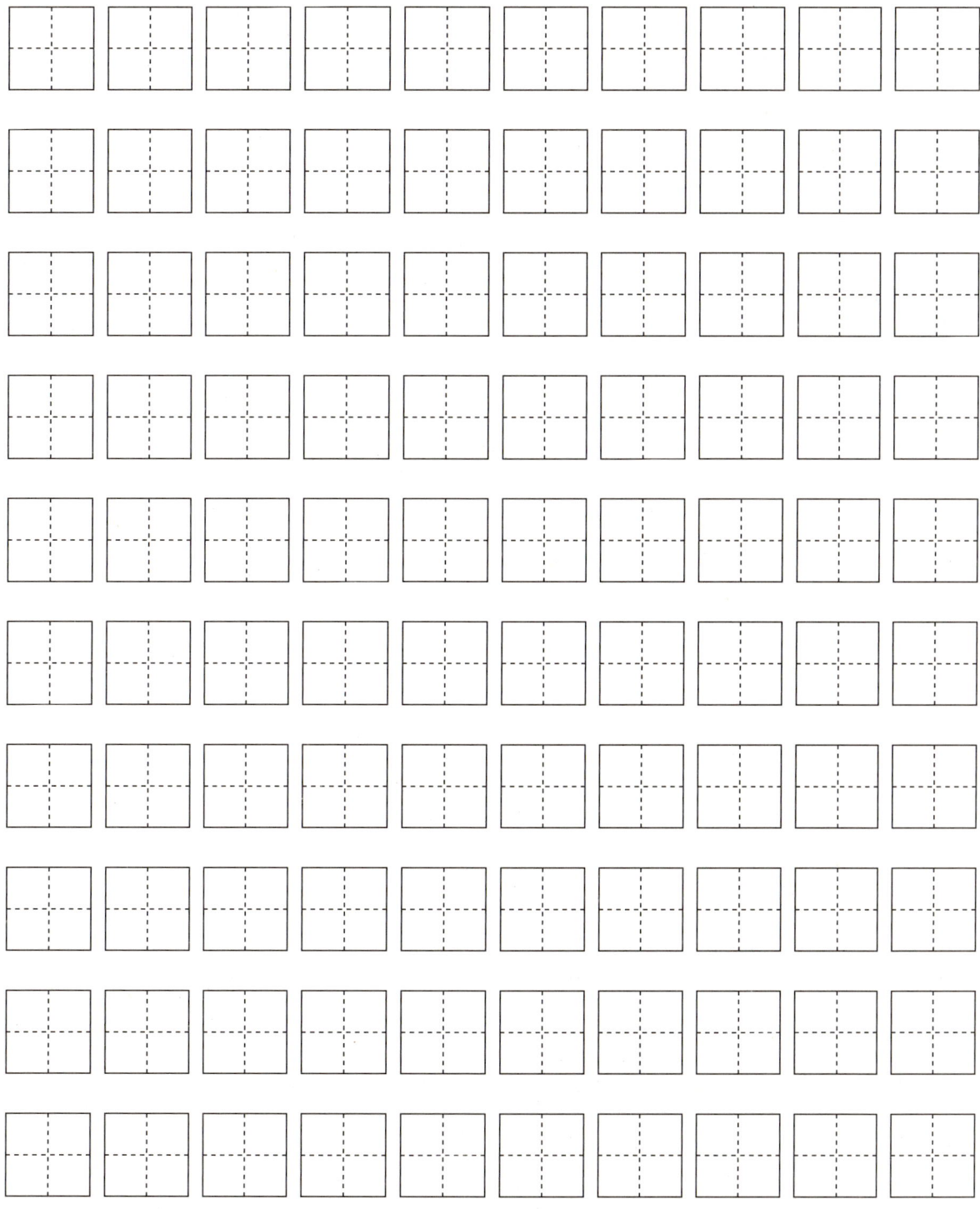

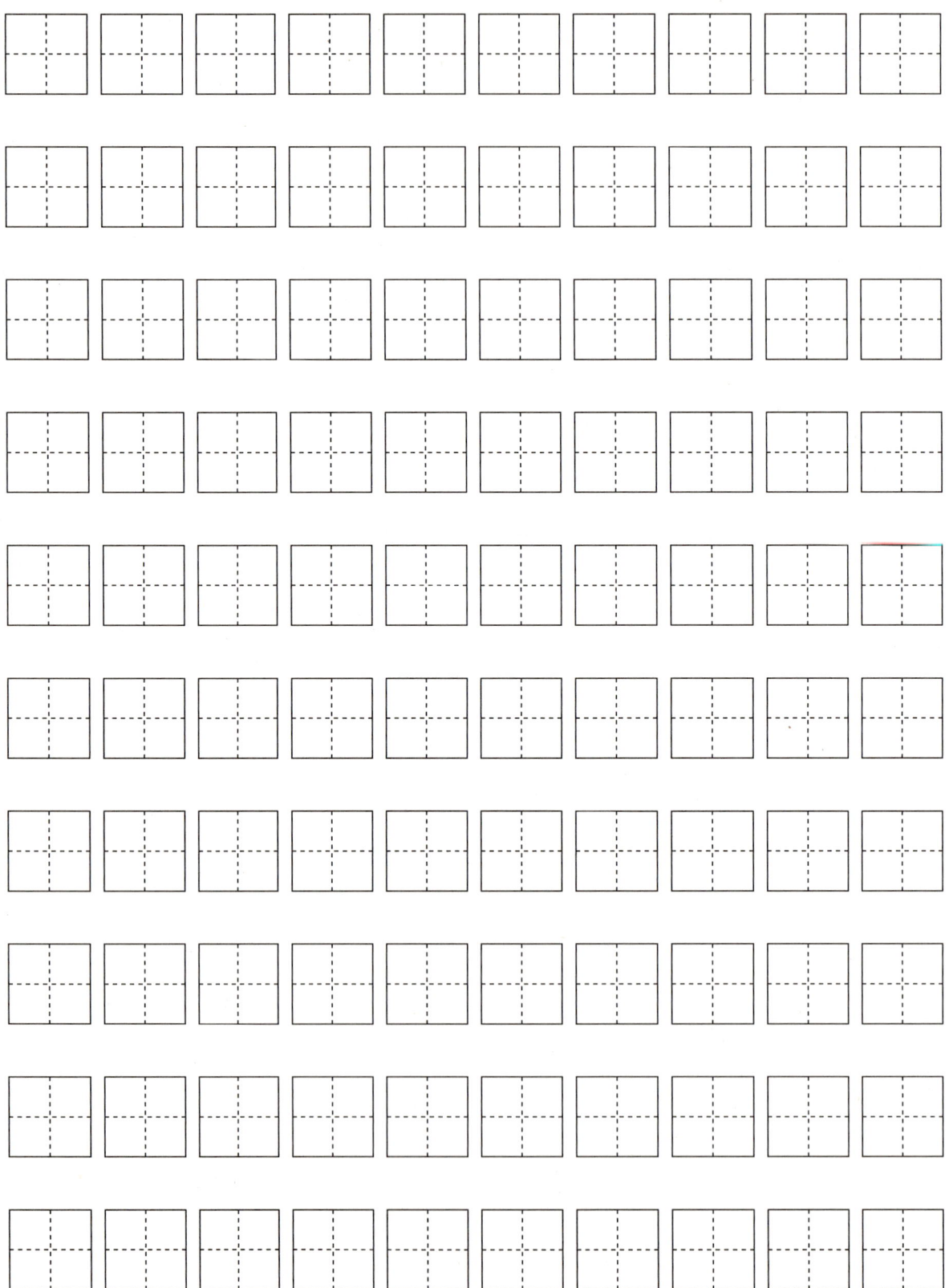

材料十七：

14-1 仿写汉字

春	冬	风	雪	花
飞	入	姓	什	么
双	国	王	方	青
清	气	晴	情	请
生	字	左	右	红
时	动	万	吃	叫
主	江	住	没	以
会	走	北	京	门
广	过	各	种	样
伙	伴	这	太	阳

材料十八：

15-1 描写汉字

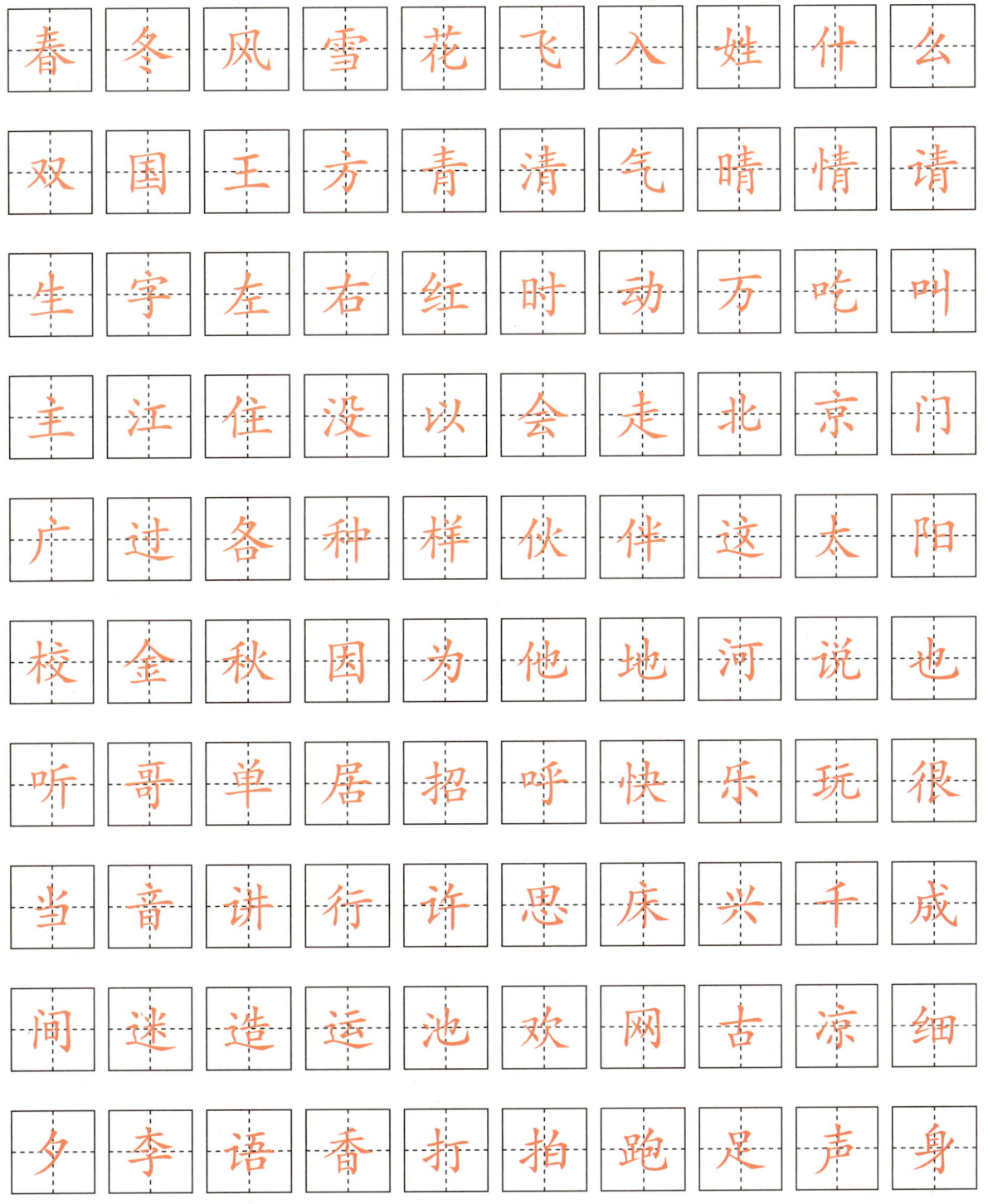

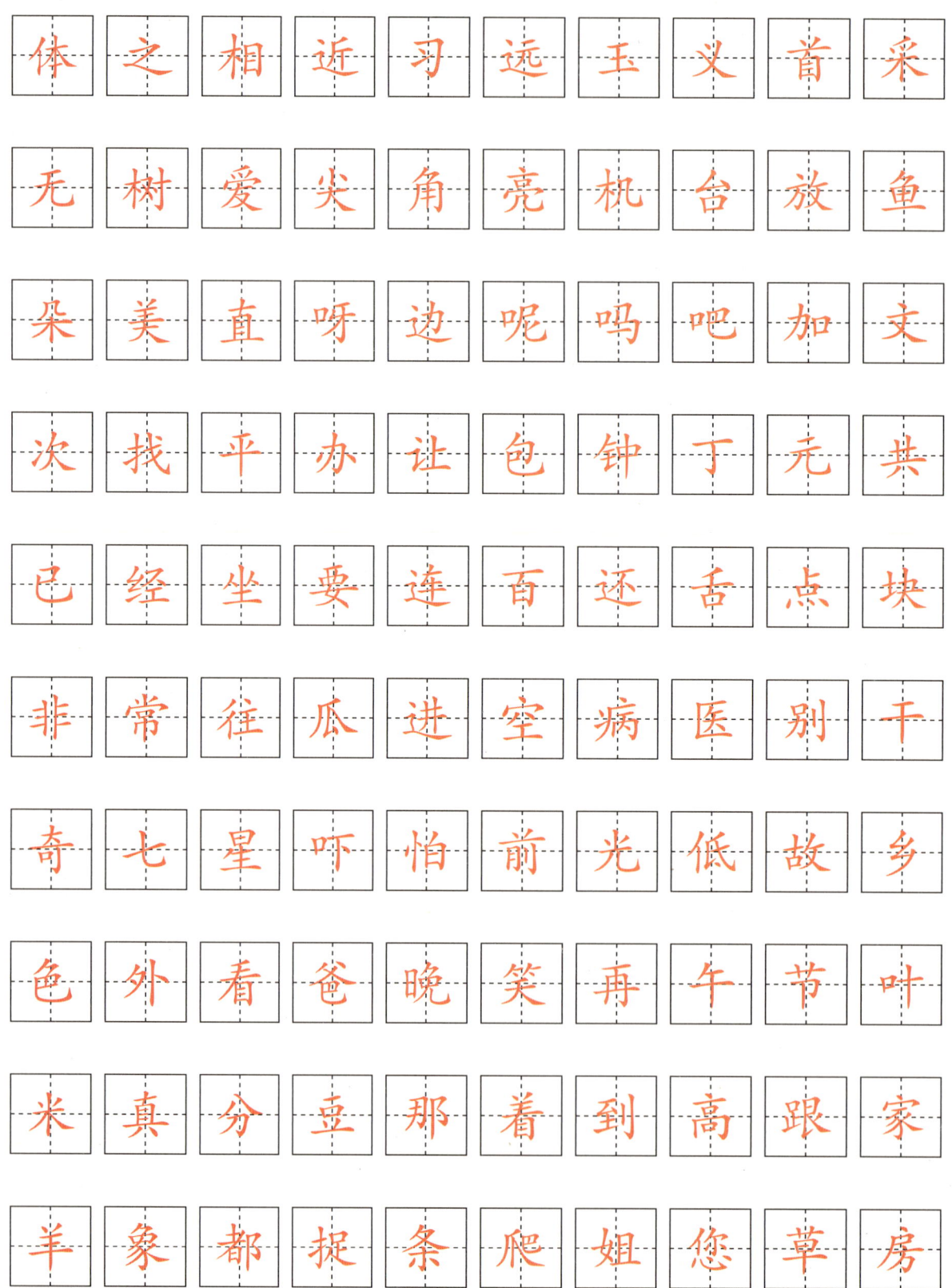

材料十九：

17-1 按笔顺规则书写汉字

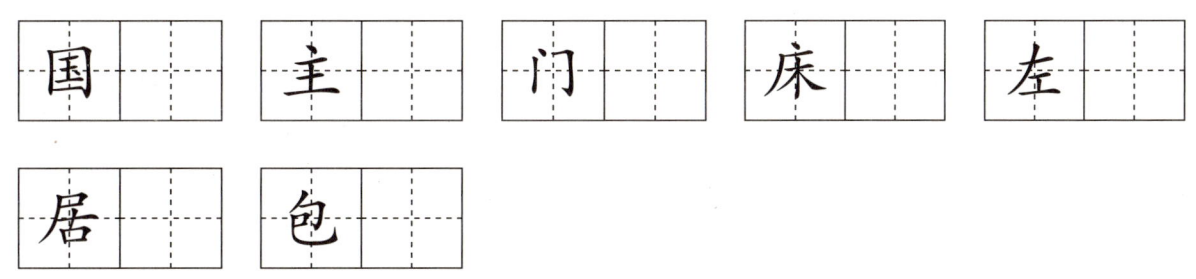

材料二十：

18-1 按笔顺书写汉字

国（冂冂冃用囯国国）

主（丶亠二㇀主）

门（丶门）

床（丶一广厂庄庆床）

左（一ナ𠂇左左）

居（𠃍乛尸尸屄居居）

包（丿勹匀𠂈包）

材料二十一：

19-1 听笔画名称，写出相对应的笔画

——— ——— ——— ——— ———

材料二十二：

20-1 仿写笔画

___ ___ ___ ___ ___

材料二十三：

21-1 描写笔画

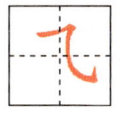 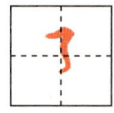 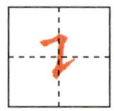 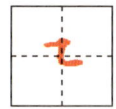 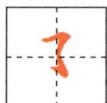

材料二十四：

23-1 听偏旁名称，写出相对应的偏旁

材料二十五：

24-1 仿写偏旁

厂	冫	丷	卩	又	阝
土	大	广	弓	孑	牛
斤	车	火	心	钅	疒
立	衤	页	舌	米	走
足	身	雨	户		

材料二十六：

25-1 描写偏旁

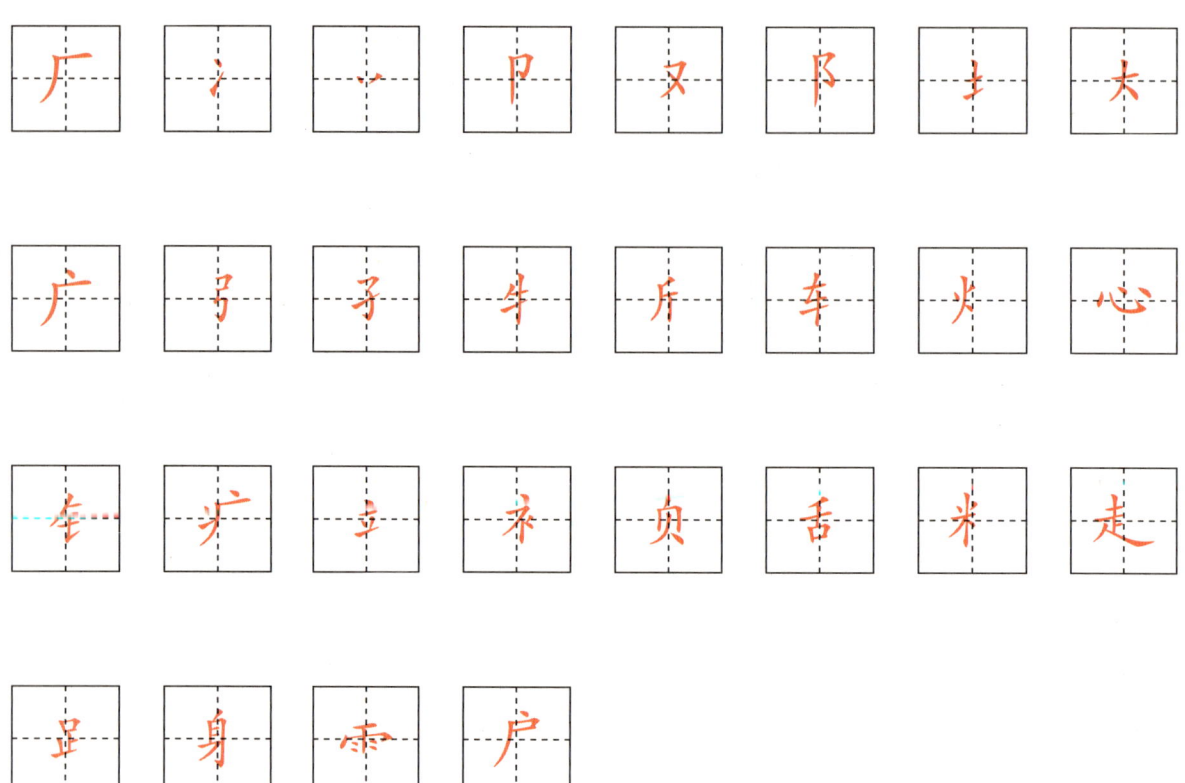

材料二十七：

27-1/28-1 按音序查字法查注音的汉字

chí	shǒu	piāo	jī
池	首	漂	机

阅读领域

材料一：

1-1/2-1/3-1/4-1/5-1/6-1 课文《我多想去看看》《树和喜鹊》《怎么都快乐》《彩虹》《动物儿歌》《要下雨了》《动物王国开大会》《棉花姑娘》

wǒ duō xiǎng qù kàn kan
我 多 想 去 看 看

mā ma gào su wǒ，yán zhe wān wān de xiǎo lù，jiù huì zǒu chū
妈妈告诉我，沿着弯弯的小路，就会走出

tiān shān。yáo yuǎn de běi jīng chéng，yǒu yí zuò xióng wěi de tiān ān mén，
天山。遥远的北京城，有一座雄伟的天安门，

guǎng chǎng shàng de shēng qí yí shì fēi cháng zhuàng guān。wǒ duì mā ma
广场上的升旗仪式非常壮观。我对妈妈

shuō，wǒ duō xiǎng qù kàn kan，wǒ duō xiǎng qù kàn kan！
说，我多想去看看，我多想去看看！

bà ba gào su wǒ，yán zhe kuān kuān de gōng lù，jiù huì zǒu chū
爸爸告诉我，沿着宽宽的公路，就会走出

běi jīng。yáo yuǎn de xīn jiāng，yǒu měi lì de tiān shān，xuě shān shàng
北京。遥远的新疆，有美丽的天山，雪山上

shèng kāi zhe jié bái de xuě lián。wǒ duì bà ba shuō，wǒ duō xiǎng qù kàn
盛开着洁白的雪莲。我对爸爸说，我多想去看

kan，wǒ duō xiǎng qù kàn kan！
看，我多想去看看！

树和喜鹊

从前,这里只有一棵树,树上只有一个鸟窝,鸟窝里只有一只喜鹊。

树很孤单,喜鹊也很孤单。

后来,这里种了好多好多树,每棵树上都有鸟窝,每个鸟窝里都有喜鹊。

树有了邻居,喜鹊也有了邻居。

每天天一亮,喜鹊们叽叽喳喳叫几声,打着招呼一起飞出去了。天一黑,他们又叽叽喳喳地一起飞回窝里,安安静静地睡觉了。

树很快乐,喜鹊也很快乐。

怎么都快乐

一个人玩，很好！
独自一个，静悄悄的，
正好用纸折船，折马……
踢毽子，跳绳，搭积木，
当然还有看书，画画，听音乐……

两个人玩，很好！
讲故事得有人听才行，
你讲我听，我讲你听。
还有下象棋，打羽毛球，坐跷跷板……

三个人玩，很好！
讲故事多个人听更有劲，
你讲我们听，我讲你们听。
两个人甩绳子，
你跳，我跳，轮流跳……

四个人玩，很好！
五个人玩，很好！
许多人玩，更好！
人多，什么游戏都能玩，
拔河，老鹰捉小鸡，
打排球，打篮球，踢足球……
连开运动会也可以。

彩虹

雨停了,天上有一座美丽的桥。

爸爸,你那把浇花用的水壶呢?如果我提着它,走到桥上,把水洒下来,那不就是我在下雨吗?你就不用挑水去浇田了,你高兴吗?

妈妈,你梳头用的那面镜子呢?如果我拿着它,走到桥上,天上不就多了一个月亮吗?我拿着圆圆的月亮照着你梳头,你高兴吗?

哥哥,你系在门前树上的秋千呢?如果我把它挂在彩虹桥上,坐着秋千荡来荡去,花裙子飘啊飘的,不就成了一朵彩云吗?你看见了,高兴吗?

动物儿歌

蜻蜓半空展翅飞,
蝴蝶花间捉迷藏。
蚯蚓土里造宫殿,
蚂蚁地上运食粮。
蝌蚪池中游得欢,
蜘蛛房前结网忙。

要下雨了

小白兔弯着腰在山坡上割草。天阴沉沉的，小白兔直起身子，伸了伸腰。

小燕子从他头上飞过。小白兔大声喊："燕子，燕子，你为什么飞得这么低呀？"

燕子边飞边说："要下雨了，空气很潮湿，虫子的翅膀沾了小水珠，飞不高。我正忙着捉虫子呢！"

是要下雨了吗？小白兔往前边池子里一看，小鱼都游到水面上来了。

小白兔跑过去，问："小鱼，小鱼，今天怎么有空出来呀？"

小鱼说："要下雨了，水里闷得很，我们到水面上来透透气。小白兔，你快回家吧，小心淋着雨。"

小白兔连忙挎起篮子往家跑。他看见路边有一大群蚂蚁，就把要下雨的消息告诉了蚂蚁。一只大蚂蚁说："是要下雨了，我们正忙着搬东西呢！"

小白兔加快步子往家跑。他一边跑一边喊："妈妈，妈妈，要下雨了！"

轰隆隆，天空响起了一阵雷声。哗，哗，哗，大雨真的下起来了！

动物王国开大会

动物王国要开大会，老虎让狗熊通知大家。狗熊用喇叭大声喊："大家注意，动物王国要开大会，请你们都参加！"一连说了十遍。

狐狸奔来了，对狗熊说："你说一百遍，大会也开不起来。"

"为什么？"狗熊问。

"因为你没告诉大家，大会在哪一天开，是今天，还是明天，还是……"

狗熊一听，伸了伸舌头，做了个鬼脸，连忙说："对，对，对！"于是就去问老虎。

老虎说："大会就在明天开，你快去通知大家吧！"

狗熊又用喇叭大声喊:"大家注意,动物王国要在明天开大会,请你们都参加!"一连说了十遍。

大灰狼跑来对狗熊说:"你说一百遍,大会也开不起来。"

"为什么?"狗熊问。

"因为你没告诉大家,在明天什么时候开,上午还是下午,几点钟开。"

狗熊一听,说:"有道理,有道理!"于是又去问老虎。

老虎说:"大会就在明天上午八点开,你再去通知大家吧!"

狗熊又用喇叭大声喊:"大家注意,动物王国要在明天上午八点开大会,请你们都参加!"一连说了十遍。

梅花鹿奔来问狗熊:"大会在哪儿开呀?你得说清楚。"

狗熊捶捶自己的脑袋,说:"我怎么没问清楚呢?"于是又去问老虎。

"哎呀!忘了说地点。大会在森林广场开,你再去通知大家吧!"老虎对狗熊说。

"请注意啦!"狗熊又用喇叭大声喊,"明天上午八点,在森林广场开大会,请大家准时参加!"一连说了十遍。

这一次,大家都明白了。第二天上午,动物们都来到森林广场,准时参加了大会。

棉花姑娘

棉花姑娘生病了,叶子上有许多可恶的蚜虫。她多么盼望有医生来给她治病啊!

燕子飞来了。棉花姑娘说:"请你帮我捉害虫吧!"燕子说:"对不起,我只会捉空中飞的害虫,你还是请别人帮忙吧!"

啄木鸟飞来了。棉花姑娘说:"请你帮我捉害虫吧!"啄木鸟说:"对不起,我只会捉树干里的害虫,你还是请别人帮忙吧!"

青蛙跳来了。棉花姑娘高兴地说:"请你帮我捉害虫吧!"青蛙说:"对不起,我只会捉田里的害虫,你还是请别人帮忙吧!"

忽然,一群圆圆的小虫子飞来了,很快就把蚜虫吃光了。棉花姑娘惊奇地问:"你们是谁呀?"小虫子说:"我们身上有七个斑点,就像七颗星星,大家叫我们七星瓢虫。"

不久,棉花姑娘的病好了,长出了碧绿碧绿的叶子,吐出了雪白雪白的棉花。她咧开嘴笑啦!

材料二：

7-1/8-1 儿歌《春夏秋冬》《姓氏歌》《古对今》

chūn xià qiū dōng
春 夏 秋 冬

chūn fēng　　　　　hóng huā　　　　　qiū shuāng　　　　　dōng xuě
春 风　　　　　　　红 花　　　　　　　秋 霜　　　　　　　冬 雪

chūn fēng chuī　　　xià yǔ luò　　　　qiū shuāng jiàng　　dōng xuě piāo
春 风 吹　　　　　夏 雨 落　　　　　秋 霜 降　　　　　　冬 雪 飘

qīng cǎo　　　　　　xià yǔ　　　　　　yóu yú　　　　　　　fēi niǎo
青 草　　　　　　　夏 雨　　　　　　　游 鱼　　　　　　　飞 鸟

chí cǎo qīng　　　　shān huā hóng　　　yú chū shuǐ　　　　niǎo rù lín
池 草 青　　　　　山 花 红　　　　　　鱼 出 水　　　　　鸟 入 林

143

姓氏歌

你姓什么？我姓李。
什么李？木子李。
他姓什么？他姓张。
什么张？弓长张。
古月胡，口天吴，
双人徐，言午许。

中国姓氏有很多，
赵、钱、孙、李，
周、吴、郑、王，
诸葛、东方，
上官、欧阳……

gǔ duì jīn
古对今

gǔ duì jīn
古 对 今 ,
yuán duì fāng
圆 对 方 。
yán hán duì kù shǔ
严 寒 对 酷 暑 ,
chūn nuǎn duì qiū liáng
春 暖 对 秋 凉 。

chén duì mù
晨 对 暮 ,
xuě duì shuāng
雪 对 霜 ,
hé fēng duì xì yǔ
和 风 对 细 雨 ,
zhāo xiá duì xī yáng
朝 霞 对 夕 阳 。

táo duì lǐ
桃 对 李 ,
liǔ duì yáng
柳 对 杨 ,
yīng gē duì yàn wǔ
莺 歌 对 燕 舞 ,
niǎo yǔ duì huā xiāng
鸟 语 对 花 香 。

材料三：

9-1/10-1　古诗《人之初》《春晓》《赠汪伦》《静夜思》《寻隐者不遇》《池上》《小池》《画鸡》

人之初

rén zhī chū

人之初，性本善。性相近，习相远。
gǒu bú jiào　xìng nǎi qiān　jiào zhī dào　guì yǐ zhuān
苟不教，性乃迁。教之道，贵以专。
zǐ bù xué　fēi suǒ yí　yòu bù xué　lǎo hé wéi
子不学，非所宜。幼不学，老何为？
yù bù zhuó　bù chéng qì　rén bù xué　bù zhī yì
玉不琢，不成器。人不学，不知义。

春晓

[唐] 孟浩然

春眠不觉晓，
处处闻啼鸟。
夜来风雨声，
花落知多少。

赠汪伦

[唐] 李白

李白乘舟将欲行，
忽闻岸上踏歌声。
桃花潭水深千尺，
不及汪伦送我情。

静夜思
jìng yè sī

[唐] 李白
táng lǐ bái

床前明月光，
chuáng qián míng yuè guāng

疑是地上霜。
yí shì dì shàng shuāng

举头望明月，
jǔ tóu wàng míng yuè

低头思故乡。
dī tóu sī gù xiāng

寻隐者不遇
xún yǐn zhě bú yù

[唐] 贾岛
táng jiǎ dǎo

松下问童子，
sōng xià wèn tóng zǐ

言师采药去。
yán shī cǎi yào qù

只在此山中，
zhǐ zài cǐ shān zhōng

云深不知处。
yún shēn bù zhī chù

池上
chí shàng

[唐] 白居易
táng bái jū yì

小娃撑小艇，
xiǎo wá chēng xiǎo tǐng

偷采白莲回。
tōu cǎi bái lián huí

不解藏踪迹，
bù jiě cáng zōng jì

浮萍一道开。
fú píng yí dào kāi

小池

[宋] 杨万里

泉眼无声惜细流，
树阴照水爱晴柔。
小荷才露尖尖角，
早有蜻蜓立上头。

画鸡

[明] 唐寅

头上红冠不用裁，
满身雪白走将来。
平生不敢轻言语，
一叫千门万户开。

材料四：

11-1 将词语补充完整

_____来_____去　　　　_____来_____去

_____来_____去　　　　_____来_____去

11-2 在括号里补充合适的动词

（　　　）绳　　　　（　　　）足球

（　　　）故事　　　（　　　）音乐
　　　　gù

（　　　）排球　　　（　　　）游戏

11-3 将短语补充完整

碧绿碧绿的_____

雪白雪白的_____

11-4 将成语补充完整

春（　）大（　）　莺（　）燕（　）
chūn　　dà　　　　yīng　　yàn

小 葱 拌 豆 腐——（　）（　）（　）（　）
xiǎo cōng bàn dòu fu

敏而好学，（　）（　）（　）（　）。——《论语》
mǐn ér hàoxué　　　　　　　　　　　　　lún yǔ

材料五：

12-1 照样子，将短语补充完整

碧绿碧绿的叶子　　　　　碧绿碧绿的_____

雪白雪白的棉花　　　　　雪白雪白的_____

材料六：

13-1 将句子补充完整

要是能赶(gǎn)上绿灯，就_____。

要是能及(jí)时通(tōng)过路口，就_____。

13-2 接读名言

早(zǎo)晨(chen)下(xià)雨(yǔ)当(dāng)日(rì)晴(qíng)，_____。

有(yǒu)雨(yǔ)山(shān)戴(dài)帽(mào)，_____。

读(dú)书(shū)百(bǎi)遍(biàn)，_____。

13-3 在横线上填写合适的叠词

苹果_____，_____。

13-4 根据提示做问答游戏

你姓什么？

我姓_____。

什么_____？

_____。

材料七：

14-1 照样子，将句子补充完整

要是早一分钟，就能赶上绿灯了。

要是能赶上绿灯，就 _____ 。

要是能及时通过路口，就 _____ 。

要是能赶上公共汽车，就不会迟到了。

14-2 仿照例句，在横线上填写合适的叠词

荷叶圆圆的，绿绿的。

苹果 _____ ，_____ 。

14-3 照样子，根据提示做问答游戏

你姓什么？我姓张。什么张？弓长张。

你姓什么？我姓方。什么方？方向的方。

你姓什么？我姓 _____ 。什么 _____ ？ _____ 。

材料八：

15-1 说出词语的意思

各种各样（选自课文《一个接一个》）

保护（选自课文《小青蛙》）

相遇（选自课文《猜字谜（一）》）

材料九：

16-1 根据图片提示说出词语的意思

各种各样

16-2 联系生活经验说出词语的意思

保护

16-3 根据《猜字谜（一）》中上下文内容说出词语的意思

相遇

材料十：

17-1 说出句子的意思

　　粽子是用青青的箬竹叶包的，里面裹着白白的糯米，中间有一颗红红的枣。外婆一掀开锅盖，煮熟的粽子就飘出一股清香来。剥开粽叶，咬一口粽子，真是又黏又甜。

　　小壁虎爬呀爬，爬到大树上。他看见老牛甩着尾巴，在树下吃草。小壁虎说："牛伯伯，您把尾巴借给我行吗？"老牛说："不行啊，我要用尾巴赶蝇子呢。"

材料十一：

18-1 在提示下说出／比划出课文中句子的意思

粽子是用青青的箬竹叶包的，里面裹着白白的糯米，中间有一颗红红的枣。外婆一掀开锅盖，煮熟的粽子就飘出一股清香来。剥开粽叶，咬一口粽子，真是又黏又甜。

（1）粽子是用什么包的？
（2）粽子里面包着什么？

小壁虎爬呀爬，爬到大树上。他看见老牛甩着尾巴，在树下吃草。小壁虎说："牛伯伯，您把尾巴借给我行吗？"老牛说："不行啊，我要用尾巴赶蝇子呢。"

（1）小壁虎爬到了哪里？
（2）它向谁借了尾巴，结果如何？

材料十二：

23-1 找出句中的问号、感叹号

你打过电话吗？应该怎样打电话呢？让我们来试一试吧！

材料十三：

24-1 说出"？""！"的名称

？

！

24-2 找出句中的问号、感叹号

你打过电话吗？应该怎样打电话呢？让我们来试一试吧！

口语交际领域

材料一：

1–1/2–1/5–1/6–1

材料二：

3–1/4–1/11–1/12–1/13–1/14–1

dǎ diàn huà 打电话

nǐ dǎ guo diàn huà ma 你打过电话吗？ yīng gāi zěn yàng dǎ diàn huà ne 应该怎样打电话呢？

lái shì yi shì ba
来试一试吧！

◇ dǎ diàn huà yuē tóng xué tī qiú
打电话约同学踢球。

◇ dǎ diàn huà xiàng lǎo shī qǐng jiǎ
打电话向老师请假。

◇ yǒu yí gè shū shu dǎ diàn huà zhǎo bà ba dàn shì bà ba bú zài jiā
有一个叔叔打电话找爸爸，但是爸爸不在家。

材料三：

7-1/8-1/9-1/10-1

材料四：

7-1/8-1/11-1/12-1

数学·一年级
（上册）

编写人员：

芮代琴　刘加芳　刘　婷　赵　敏　吴振兰　宋晓杰
李月月　翁丽丽　茅　成

学　　校：_____　　年　　级：_____
姓　　名：_____　　出生日期：_____
评 估 者：_____　　评估时间：_____

评估标准：

　　3 分：独立完成单一知识/技能；或独立完成多重知识/技能 100%。

　　2 分：独立完成或在单一支持下完成多重知识/技能 60% 及以上；或在单一支持下完成单一知识/技能。

　　1 分：独立完成或在多重支持下完成多重知识/技能 20%～60% 以内；或在多重支持下完成单一知识/技能。

　　0 分：独立完成或在多重支持下完成多重知识/技能 20% 以下；或在多重支持下无法完成单一知识/技能。

数与代数领域

材料一：

1-1/2-1 看图回答问题

有几只？　　有几只？

有几只？　　有几只？

材料二：

1-2/2-2/17-2/18-2 数出/写出圆圈里物体的个数

材料三：

5-1/6-1 看图回答问题

🔴 有几个？

🟧 有几个？

🔺 有几个？

材料四：

17-1/18-1 数出图中动物的个数，再填数

 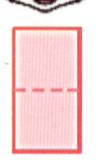  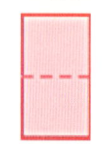

材料五：

19-2/20-2 看图写数

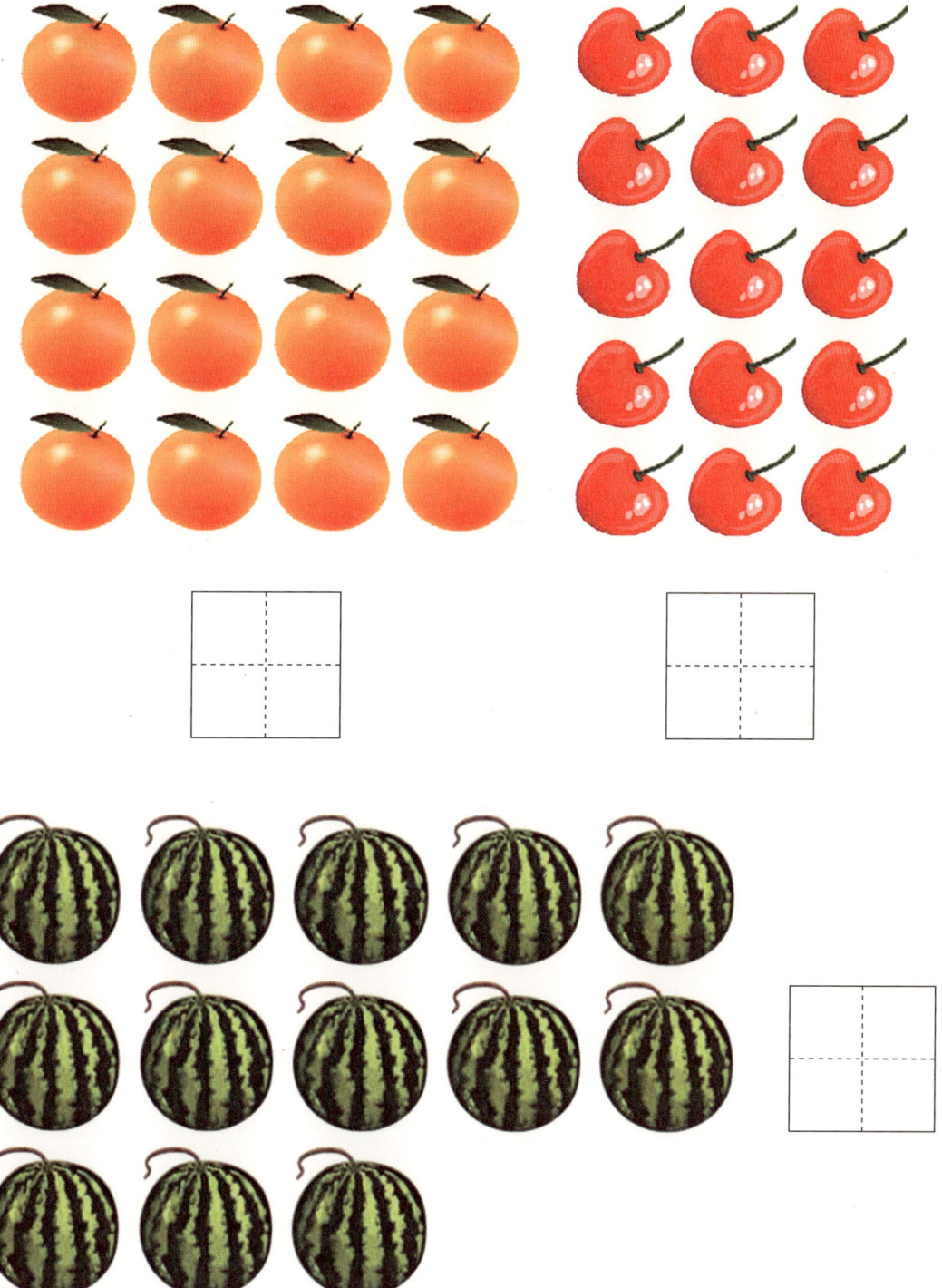

材料六：

21-2/22-2 看图回答问题

（1）从左边数起，戴帽子的小鸭在第几？

（2）从右边数起，戴帽子的小鸭在第几？

材料七：

23-2/24-2 看图回答问题

（1）从左边数起，戴帽子的小鸭在第几？

（2）从右边数起，戴帽子的小鸭在第几？

材料八：

25-1/26-1 看图回答问题

（1）说出/指出哪边巧克力豆多？哪边巧克力豆少？

（2）说出/指出哪堆棒棒糖最多？哪堆棒棒糖最少？

比较长短

（1）说出/指出哪根跳绳长？哪根跳绳短？

（2）说出/指出哪个最长？哪个最短？

比较高矮

(1) 说出/指出谁高?谁矮?

(2) 说出/指出哪个最高?哪个最矮?

比较轻重

（1）说出/指出谁轻？谁重？

（2）说出/指出哪个最重？哪个最轻？

材料九：

33-1/34-1 在○里填上">""<"或"="

4 ○ 5　　　7 ○ 9　　　6 ○ 6　　　8 ○ 10

3 ○ 1　　　6 ○ 2　　　4 ○ 6　　　9 ○ 8

5 ○ 7　　　8 ○ 9　　　10 ○ 8　　　6 ○ 4

材料十：

35-1/36-1 在○里填上">""<"或"="

17 ○ 15　　12 ○ 17　　19 ○ 16　　18 ○ 16

13 ○ 11　　16 ○ 16　　12 ○ 14　　16 ○ 19

15 ○ 17　　13 ○ 19　　10 ○ 18　　16 ○ 14

材料十一：

40-1/41-1 在方框里填上合适的数

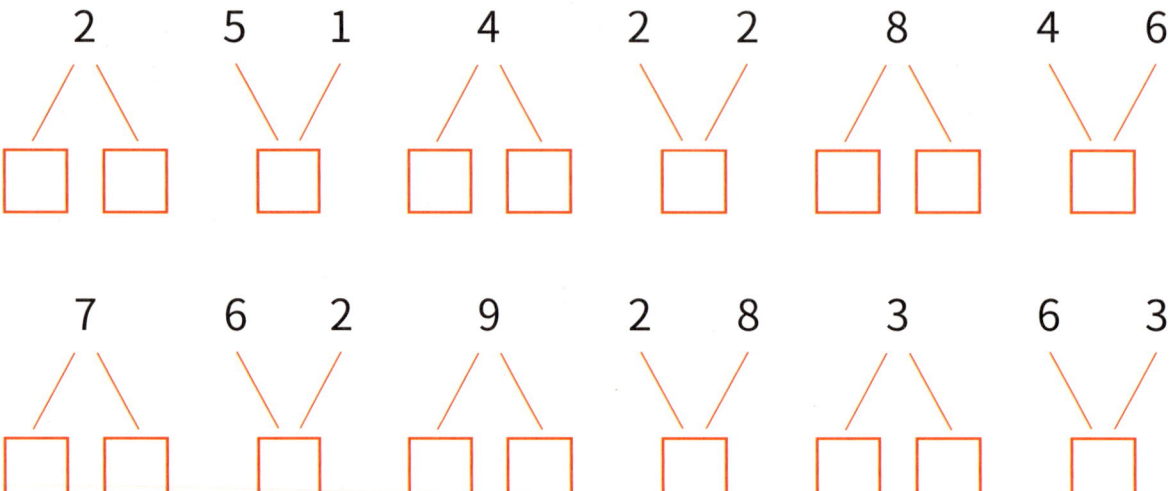

材料十二：

48-1/49-1/50-1 算一算

1＋1＝	1＋2＝	2＋8＝	4＋3＝
8＋2＝	2＋2＝	4＋1＝	4＋2＝
3＋1＝	3＋2＝	3＋3＝	4＋4＝
5＋2＝	5＋4＝	5＋5＝	9＋1＝
6＋1＝	6＋3＝	6＋4＝	7＋2＝
8＋1＝	1＋9＝	5＋1＝	2＋1＝
7＋1＝	6＋2＝	5＋3＝	7＋3＝

材料十三：

51-1/52-1/53-1 算一算

6−2=	8−8=	9−8=	7−3=
9−5=	10−4=	2−1=	6−3=
9−9=	4−1=	5−4=	8−3=
3−1=	3−2=	3−3=	10−8=
8−4=	9−6=	1−1=	4−2=
10−3=	4−4=	10−9=	6−1=
9−2=	5−2=	5−3=	5−5=
8−6=	10−10=	2−2=	6−4=
6−5=	6−6=	5−1=	10−6=
7−1=	7−2=	7−4=	7−5=
7−6=	7−7=	8−1=	8−2=
4−3=	8−5=	8−7=	9−4=
9−1=	9−3=	9−7=	10−1=
10−2=	10−5=	10−7=	0−0=

材料十四：

54-1/55-1/56-1 算一算

8-3+2=　　5+1+2=　　6-3-3=　　2+4+2=

10-5-3=　　3+5+2=　　8-2-3=　　7+3-5=

10-6+4=　　1+7-5=　　6+3-8=　　5-2+6=

7-3+3=　　10-4+1=　　4+5-6=　　9-4-3=

材料十五：

57-1/58-1/59-1 算一算

2+9=	8+6=	4+9=	9+3=
6+9=	7+7=	5+7=	9+9=
4+8=	5+8=	8+9=	4+8=
7+9=	7+4=	7+8=	6+5=
7+6=	5+9=	3+8=	8+8=

材料十六：

62-1/63-1 看图说图意，填空并列式计算

（1）左边有（　　）只蜜蜂，右边有（　　）只蜜蜂，一共有（　　）只蜜蜂。

□ ○ □ = □

（2）

一共有多少个小朋友参加体育活动？

材料十七：

64-1/65-1 看图说图意，再列式计算

（1）

？颗

10颗

□ ○ □ = □

（2）

□ － □ = □

图形与几何领域

材料一：

3-1/4-1 说出／指出 的下面是什么？ 的左边是什么？

3-2/4-2 说出／指出 的前面是什么？ 的后面是什么？

材料二：

5-1/6-1 说出立体图形的名称

统计与概率领域

材料一：

1-1/2-1 按颜色或形状把树叶分在 3 个筐里，用线连一连

材料二：

3-1/4-1 按照颜色或者有无把手的标准，把杯子分在两个盘子里，用线连一连

数学·一年级
（下册）

编写人员：

芮代琴　刘加芳　刘　婷　吴振兰　赵　敏　宋晓杰
翁丽丽　李月月　茅　成

学　　校：_____　　　年　　级：_____
姓　　名：_____　　　出生日期：_____
评 估 者：_____　　　评估时间：_____

评估标准：

　　3 分：独立完成单一知识 / 技能；或独立完成多重知识 / 技能 100%。

　　2 分：独立完成或在单一支持下完成多重知识 / 技能 60% 及以上；或在单一支持下完成单一知识 / 技能。

　　1 分：独立完成或在多重支持下完成多重知识 / 技能 20%～60% 以内；或在多重支持下完成单一知识 / 技能。

　　0 分：独立完成或在多重支持下完成多重知识 / 技能 20% 以下；或在多重支持下无法完成单一知识 / 技能。

数与代数领域

材料一：

13-1/14-1 回答问题

（1）4个十和5个一合起来是（　　　　）。

（2）78是由（　　　　）个一和（　　　　）个十组成的。

（3）（　　　　）个十是80。

材料二：

17-1/18-1

（1）在○里填上"＞""＜"或"＝"

47 ○ 74　　　　70 ○ 69　　　　55 ○ 55　　　　45 ○ 100

17-2/18-2

（2）按从大到小的顺序排列数字

　　　35　　　56　　　15　　　87　　　46　　　100

_____ ＞ _____ ＞ _____ ＞ _____ ＞ _____ ＞ _____

材料三：

19-1/20-1/21-1 算一算

11 − 2 =	12 − 3 =	13 − 4 =	14 − 5 =
11 − 3 =	16 − 7 =	18 − 9 =	12 − 4 =
14 − 7 =	12 − 6 =	13 − 6 =	17 − 9 =
12 − 5 =	16 − 8 =	15 − 8 =	11 − 7 =
14 − 6 =	12 − 8 =	14 − 8 =	15 − 7 =
13 − 9 =	12 − 9 =	13 − 7 =	11 − 6 =
15 − 6 =	17 − 8 =	12 − 7 =	13 − 8 =
16 − 9 =	13 − 5 =	11 − 8 =	11 − 5 =
11 − 4 =	15 − 9 =	11 − 9 =	14 − 9 =

材料四：

22-1/23-1/24-1 算一算

45＋20＝	60＋20＝	21＋30＝	31＋6＝
4＋25＝	13＋80＝	30＋50＝	45＋14＝
50＋34＝	56＋3＝	55＋11＝	52＋20＝
67＋30＝	40＋40＝	17＋21＝	92＋5＝

材料五：

25-1/26-1 用竖式计算

$34+52$ $47+20$ $23+5$ $4+64$

材料六：

27-1/28-1/29-1 算一算

39 - 6=　　　58 - 30=　　　78 - 54=　　　44 - 30=

65 - 10=　　　76 - 50=　　　47 - 4=　　　　35 - 12=

95 - 43=　　　58 - 38=　　　47 - 26=　　　72 - 20=

88 - 5=　　　　66 - 4=　　　　90 - 90=　　　62 - 11=

材料七：

30-1/31-1　用竖式计算

25 − 14　　　　68 − 40　　　　49 − 4　　　　87 − 37

材料八：

32-1/33-1/34-1 算一算

59＋5＝　　　7＋54＝　　　25＋17＝　　　74＋19＝

73＋8＝　　　8＋67＝　　　6＋26＝　　　53＋27＝

26＋15＝　　　43＋38＝　　　32＋8＝　　　32＋58＝

9＋42＝　　　48＋5＝　　　45＋48＝　　　57＋26＝

材料九：

35-1/36-1 用竖式计算

28＋7　　　　6＋48　　　　54＋29　　　　93＋47

材料十：

37-1/38-1/39-1 算一算

71 − 6 =	40 − 23 =	52 − 34 =	41 − 8 =
80 − 27 =	41 − 2 =	27 − 8 =	30 − 6 =
66 − 18 =	62 − 7 =	74 − 59 =	35 − 26 =
50 − 26 =	43 − 27 =	32 − 9 =	70 − 15 =

材料十一：

40-1/41-1 用竖式计算

47 − 9　　　　81 − 33　　　　36 − 29　　　　62 − 15

材料十二：

42-1/43-1 回答问题

15－7＝　　　　你是怎样算的？

材料十三：

44-1/45-1 回答问题

（1）45+3＝　　　　　你是怎样算的？

（2）36+27＝　　　　你是怎样算的？

材料十四：

46-1/47-1 回答问题

（1）86－40＝　　　　你是怎样算的？

（2）52－5＝　　　　你是怎样算的？

材料十五：

48-1/49-1 估一估，算一算

（1）一（1）班有男生22人，女生13人，王老师从图书馆领了40本书，每人发一本，够吗？

（2）一（2）班有男生28人，女生16人，李老师从图书馆领了40本书，每人发一本，够吗？

材料十六：

50-1/51-1 估一估，算一算

（1）一条 78元，红红带了55元，还差多少元？

（2）一件 80元，红红带了55元，还差多少元？

材料十七：

52-1/53-1 看图列式计算

（1）

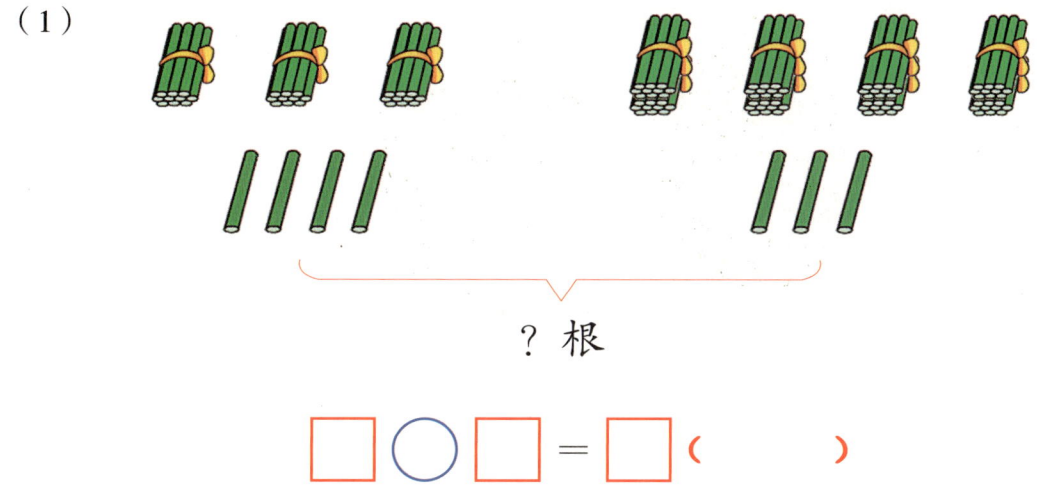

□ ○ □ = □ （   ）

（2）

材料十八：

54-1/55-1 看图列式计算

（1）

□ ○ □ = □

（2）

两人一共有64枚邮票，小梅多少枚邮票？

□ ○ □ = □（   ）

材料十九：

56-1/57-1 看图说图意，并列式计算

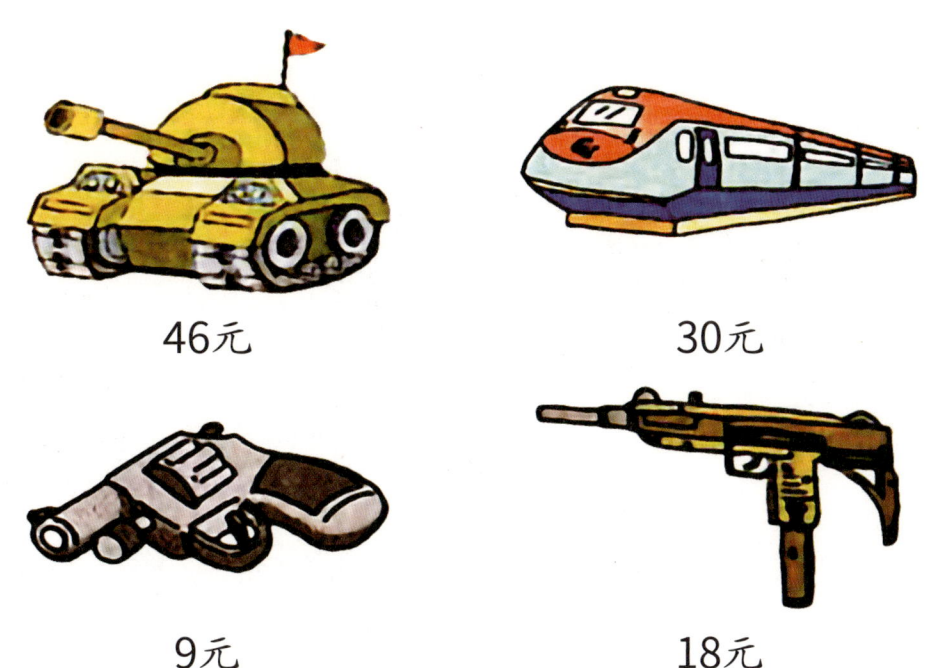

46元　　　　　30元

9元　　　　　18元

买一把  需要付多少钱？

□ ○ □ = □ （　　　）

材料二十：

58-1/59-1 看图说图意，并列式计算

妈妈为平平买了一件上衣，付出40元，找回2元。她买的是哪一件？

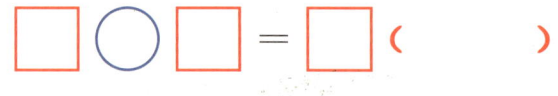

材料二十一：

64-1/65-1 回答问题

1元＝（　　　　）角

1角＝（　　　　）分

材料二十二：

66-1/67-1 拿出对应的人民币

（1）1元2角

（2）6元

（3）7元8角

材料二十三：

68-1/69-1 列式计算，解决问题

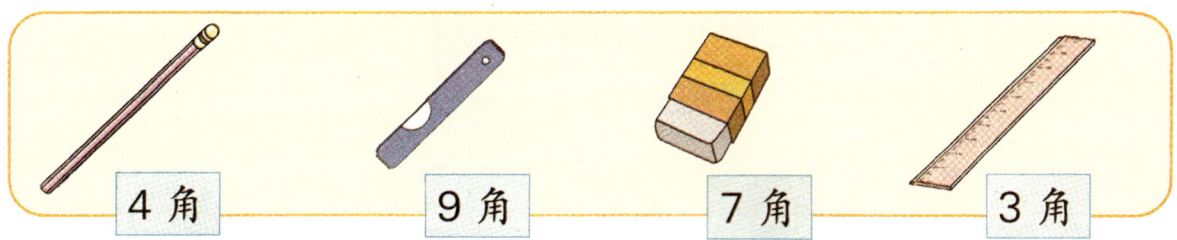

（1）买一支铅笔和一把直尺，一共要几角？

（2）付1元钱，买一块橡皮，找回多少钱？

材料二十四：

70-1/71-1

（1）横着看，说出这些数是怎样排列的

72-1/73-1

（2）竖着看，说出这些数是怎样排列的

1	2	3	4	5	6	7	8	9	10
11	12	13	14	15	16	17	18	19	20
21	22	23	24	25	26	27	28	29	30
31	32	33	34	35	36	37	38	39	40
41	42	43	44	45	46	47	48	49	50
51	52	53	54	55	56	57	58	59	60
61	62	63	64	65	66	67	68	69	70
71	72	73	74	75	76	77	78	79	80
81	82	83	84	85	86	87	88	89	90
91	92	93	94	95	96	97	98	99	100

材料二十五：

74-1/75-1 填空

（1）

| | 33 | | | 36 | |

（2）

| |
| 28 |
| |
| |
| 58 |
| |

图形与几何领域

材料一：

1-1/2-1 说出 / 比划出下列图形的名称

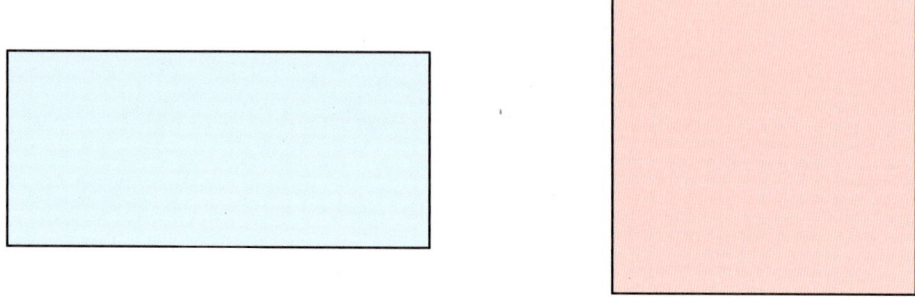

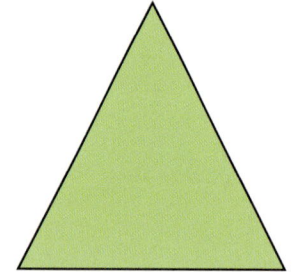
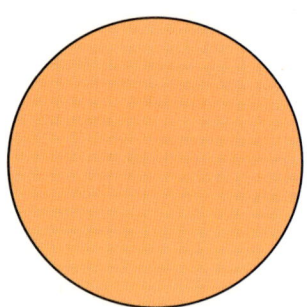

材料二：

3-1/4-1 根据要求在几何体中找出平面图形

（1）在 ▱ 积木上找出长方形

（2）在 ◻ 积木上找到正方形

（3）在 △ 积木上找到三角形

（4）在 ⌭ 积木上找到圆

3-2/4-2 在下面图形中找出长方形、正方形、三角形和圆

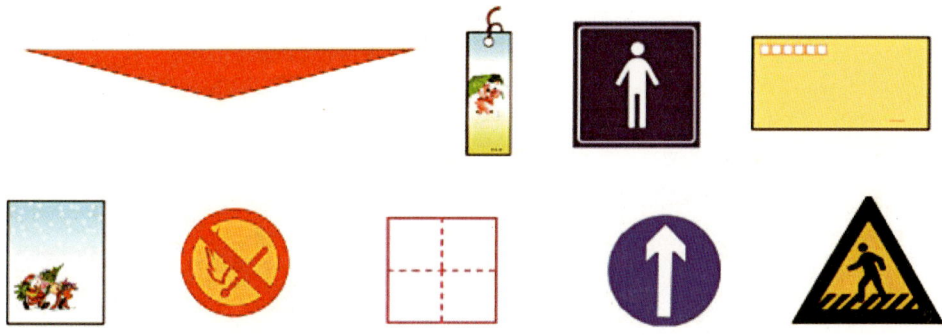